PAI, NÃO AMIGO

JOEL JOTA

Pai, não amigo

1ª edição: Novembro 2025

Autor:
Joel Jota

Preparação de texto:
Paulo Maccedo

Revisão:
3G Comunicação
Pedro Poeira

Projeto gráfico:
Jéssica Wendy

Capa:
Rafael Brum

DADOS INTERNACIONAIS DE CATALOGAÇÃO NA PUBLICAÇÃO (CIP)

Jota, Joel
Pai, não amigo / Joel Jota.
— Porto Alegre : Citadel, 2025.
208 p.

ISBN 978-65-5047-695-3

1. Paternidade 2. Criação de filhos 3. Desenvolvimento pessoal
I. Título

25-4737 CDD – 306.8742

Angélica Ilacqua – Bibliotecária – CRB-8/7057

Produção editorial e distribuição:

CITADEL Grupo Editorial

contato@citadel.com.br
www.citadel.com.br

PAI, NÃO AMIGO

JOEL JOTA

CITADEL
Grupo Editorial
2025

NOTA DO EDITOR

Este livro se enquadra na categoria de *desenvolvimento pessoal*, que é, em essência, *a arte de crescer como ser humano*. Nesse contexto, desenvolver-se é aprender a melhorar a própria vida, expandir as habilidades e liberar o potencial que já existe dentro de nós. Mais do que uma teoria, trata-se de um movimento prático: pessoas comuns encontrando caminhos para realizar sonhos, alcançar objetivos e viver com propósito.

Entretanto, o *desenvolvimento pessoal* não se limita ao indivíduo. Ele também é a capacidade de ajudar outras pessoas a crescerem – como fazem professores, mentores, líderes ou pais e mães dentro de casa. Sempre que alguém desperta o melhor no outro, está praticando *desenvolvimento pessoal* em sua forma mais nobre.

É nesse espírito que nasce esta obra. Diferentemente de tantos manuais que tentam impor fórmulas prontas ou ditar regras de forma rígida, aqui o leitor encontrará algo profundamente diferente: a experiência de um pai que, antes de tudo, é aprendiz da própria jornada.

Vivemos hoje uma crise educacional sem precedentes. Não apenas uma crise nas escolas, mas uma crise devastadora dentro dos lares. Muitos pais acabam por terceirizar suas responsabilidades, confundir autoridade com autoritarismo ou abrir mão da disciplina em nome de uma permissividade que acaba por desorientar os filhos. Nesse cenário, a proposta de *Pai, não amigo!* surge como um convite ao reencontro com a essência da paternidade.

Joel não escreve de uma *torre de marfim*. Ele compartilha sua vivência concreta, já que é pai de três filhos, treinador esportivo experiente e professor universitário com uma didática reconhecida e admirada.

Da sala de aula às bordas da piscina, acumulou aprendizados sobre disciplina, caráter e formação humana que hoje aplica diariamente dentro de casa. Sua escrita não carrega arrogância, mas a sinceridade de quem vive, erra, corrige e busca melhorar. Sobretudo, é a escrita de um pai que ama.

Este livro é, portanto, uma obra de *desenvolvimento pessoal* no sentido mais genuíno do termo: não promete atalhos mágicos, mas mostra como transformar os recursos já presentes – amor, disciplina, firmeza e afeto – em práticas que educam e moldam o caráter.

Em 30 capítulos claros e objetivos, o leitor encontrará não apenas reflexões, mas também ferramentas e exemplos aplicáveis para fortalecer o vínculo com os filhos e resgatar a autoridade saudável que tanto faz falta à nossa geração.

Mais do que um manual, este livro é um testemunho. E como todo bom testemunho, seu valor não está em discursos grandiosos, mas no poder da vida concreta que inspira e ensina.

Boa leitura!

DEPOIMENTOS

"Quando conheci o Joel, ele ainda não tinha filhos, mas já era grande como mentor. Depois do primeiro filho, cresceu nos negócios. Depois do segundo, começou a ser reconhecido. E depois do terceiro... ninguém mais conseguiu pará-lo.

Vejo que a paternidade o elevou a patamares que ele jamais alcançaria sem essa experiência. A autoridade que ele já carregava como mentor, agora tem raiz, tronco e fruto.

Orgulho dessa história, desse casamento com a Lalas, dessa família unida e do papai que ele se tornou."

– THIAGO NIGRO

"Joel entende que ser pai é mais do que estar presente, é formar caráter. Ele planta autoconfiança e autoestima nos filhos e sabe que o tempo passa, mas os princípios e a confiança que transmite ficam para sempre."

– CAIO CARNEIRO

"Nada me transformou mais profundamente do que o nascimento da minha filha. É um amor que reorganizou prioridades e redefiniu quem eu sou. Este livro traduz bem o que é essa experiência."

– BRUNO PERINI

"Religião fala sobre o homem procurando Deus, o Evangelho fala sobre um pai em busca dos filhos."

– ANDRÉ FERNANDES

"Legado é principalmente o que você deixa para as próximas gerações e a forma mais eficiente de fazer isso é educando e amando seus filhos. Joel lidera pelo exemplo e sua paternidade é inspiração para muitos."

– TIAGO BRUNET

"Vejo no Joel a saudade grata de um grande pai que lhe ensinou valores para a vida. E vejo também o reflexo desses mesmos valores sendo passados aos filhos, com amor e exemplo. Ele é, ao mesmo tempo, professor e aluno, amor e força, razão e emoção, e, no meio disso tudo, um pouco de groselha também."

– CARLOS BUSCH

"Me inspiro na presença do Joel como pai. Um cara que trabalha muito e mesmo assim claramente é presente e parceiro dos seus filhos. Sem dúvidas uma referência como pai e marido para mim."

– ALFREDO SOARES

"Joel, sabe que ninguém bate mais forte que a vida, por isso, educa e treina seus filhos para prepará-los para o mundo, sem querer mudar o mundo para eles, como grande parte dos pais fazem."

– JOÃO KEPLER

"O Joel prova que o maior legado de um campeão não está apenas nos resultados que conquista, mas na forma como lidera e protege sua família, porque a verdadeira vitória é ser referência dentro de casa antes de ser inspiração no mundo."

– KAKÁ DINIZ

"Joel Jota não é apenas um pai, é um mentor que inspira, ensina e transforma. Com amor infinito e estratégias poderosas, ele molda a mentalidade e a performance de João, Joca e Pedro, preparando-os para conquistar o mundo com coragem e excelência."

– MARCIAL CONTE

"O pai que vive em Joel transforma conhecimento em cuidado, liderança em exemplo e amor em legado."

– RAPHAEL MATTOS

"Joel dá exemplo de que um pai participa ativamente da criação e educação, mas com presença e atenção com um olhar de cumplicidade."

– FERNANDO SCHERER

"Ser pai e músico é viver a saudade todos os dias, mas com a certeza de que cada nota tocada é também um investimento no sorriso e no futuro dos nossos filhos."

– MUMUZINHO

"A minha filha me ensina dia após dia ser um pai melhor."

– BRUNO (SORRISO MAROTO)

"Joel não é apenas um pai presente. Ele é um pai que transforma presença em exemplo."

– ÉRICO ROCHA

"O que me impressiona no Joel pai é o carinho com que ele trata seus filhos. Vejo que busca sempre estar presente sem sufocar os filhos. Vejo que eles (filhos) têm uma vida leve, solta e disciplinada."

– MARCIO LATUF

"Ser pai presente cria filhos confiantes, gera caráter, amor, família prosperidade. Isso é Paternidade."

– JOÃO ADIBE

"Ter filhos é uma mistura de 'caos', muitos aprendizados e um amor incondicional."

– GUILHERME BENCHIMOL

"Ser pai me deu a forte missão de ser um espelho diário ao meu filho dentro da minha própria casa e a sensação de leveza ao chegar em casa todos os dias após um dia bom ou ruim no trabalho."

– JOSE ANTUNES

"Com o Joel aprendi que ser pai não é um título, é prática diária de amor e presença."

– RODRIGO ROCHA

"Sucesso sem tempo pra família é fracasso disfarçado."

– JOSEF RUBIN

"Ser pai é um desejo que o homem deseja para a sequência do legado. Joel Jota – ou Joel Moraes, para os que tiveram a chance de conhecer o rapaz audacioso –, em seus sonhos de realização, quis mais. Tem hoje três filhos e assumiu a paternidade, que tem um significado diferente de ser apenas um pai. Um ser presente, carinhoso, caridoso, amoroso e sagaz nos conceitos básicos da vida, mostrando aos seus filhos valores que levarão para a vida futura sem esconder nada e utilizando as estratégias ensino adequadas às idades atuais de sua prole. Muito fácil entender esse comportamento, já que conheci o pai do Joel. Ele apenas modernizou e atualizou o que aprendeu. Um upgrade necessário para um mundo que não para de modificar nossas atitudes, mas jamais o nosso caráter."

– ALBERTO KLAR

"Eu quero estar vivo daqui trinta anos para ver no que os filhos do Joel se transformaram. Eu tenho certeza de que todos os três vão deixar o Joel no chinelo. Afinal, nós somos a média dos pais que tivemos presentes nas nossas vidas todos os dias."

– RICARDO JORDÃO

"Joel é o exemplo de pai que eu gostaria de ter tido."

– CONRADO ADOLPHO

"Um pai de verdade não guia pelo discurso, mas pelo exemplo. Joel é um baita exemplo, não só para seus filhos, mas para muita gente!"

– BRUNO NARDON

"Ser pai é, essencialmente, liderar pelo exemplo. Joel Jota é um exemplo de disciplina, trabalho duro e dedicação à família. Certamente fará um grande serviço ao mundo formando seres humanos incríveis."

– TALLIS GOMES

"Nunca queira ser o melhor amigo para os seus filhos, a figura do Pai é superior à de amigo e a qualquer outra. Você precisa ser o melhor exemplo de homem para os seus filhos. Eles precisam entender que basta apenas um olhar seu para estabelecer o que é certo e o que é errado. Então, pai é a patente mais elevada."

– ALTAMIRO

"O caminho da paternidade tem um chão cravejado de renúncias e os pés descalços. É possível ver e criticar a demora da chegada, mas nunca os pés feridos."

– PRATEADO

"Joel não é só um bom exemplo a ser copiado pelos seus filhos, mas também um bom exemplo a ser copiado por todo Pai que entendeu a sua importância."

– SERGIO BERTOLUCI

"Tudo o que o Joel defende sobre o valor da Educação ele aplica com maestria com seus filhos".

– CELSO NISKIER

"A maioria dos homens tenta dar aos filhos o que não teve. Joel fez diferente: passou a vida ecoando as lições herdadas do pai e hoje as expande, vivendo e transmitindo com a única herança que realmente importa – presença."

– MARCELO TOLEDO

"Na paternidade aprendi que não adianta só falar, é preciso viver os valores, porque os filhos seguem o que a gente pratica."

– MARCUS BUAIZ

"Ser pai. A arte de amar incondicionalmente."

– MARIO SPANIOL

"1. Família. 2. Família. 3. Família. 4. Família. 5. Trabalho para dar orgulho para a família. Nada é mais motivador e gerador de valor do que os olhos e corações orgulhosos dos nossos filhos. Achava que precisava me preparar emocionalmente, financeiramente, psicologicamente, antes de ser pai para ensiná-los as coisas da vida, mas a verdade é que são eles que me ensinam tudo enquanto juntos nos tornamos melhores seres humanos."

– RONY MEISLER

"Acredito que uma das missões mais desafiadoras e importantes da vida de um homem é ser pai, e vejo que o Joel aceitou e entendeu essa missão com maestria. É visível como ele passa os valores e os ensinamentos com amor e cuidado."

– RENATO ALBANI

"Quando a gente ganha, temos os nossos amigos, mas quando a gente perde, nosso pai sempre será o nosso melhor amigo. Nunca deixe de atender um telefonema do seu filho, independente da situação."

– DOUGLAS ALVES

"Aprendi com o Joel que o pai é o primeiro e mais importante treinador que o filho terá na vida. E que o verdadeiro papel da paternidade é formar caráter, princípios e valores tão sólidos que os filhos saibam tomar boas decisões, mesmo quando não estivermos por perto."

– FELIPE PACHECO

"Vejo que o Joel se faz presente e sabe da importância disso, e não somente com sua presença física, mas com seu envolvimento, participação e exemplos em tudo, que entendo ser se suma importância para a formação de nossos filhos!"

– JOÃO APPOLINÁRIO

"Fácil demais falar do Joel Jota, o atleta e empresário se completam no pai – onde a performance mais alta é educar com presença, valores e afeto."

– JOSÉ CARLOS SEMENZATO

"Filhos são exemplos das nossas atitudes, e não do que falamos para eles. Eles aprendem com os nossos exemplos na prática. Isso traz consciência para nossa rotina do dia a dia"

– RICHARD STAD

"Ser pai é a maior responsabilidade e também o maior presente que a vida pode nos dar. Procuro dedicar minha vida aos meus filhos, transmitindo os valores que considero essenciais. Por isso admiro tanto a forma como Joel Jota vive sua paternidade: tudo aquilo que acredita, ensina e compartilha com o mundo, ele primeiro pratica dentro de casa, com sua família. Essa coerência entre o que ensina, acredita e faz torna sua paternidade ainda mais admirável e nos lembra de que o maior legado de um pai são os valores que deixamos para os filhos."

– BETO DANTAS

"O que me chama atenção no Joel vai além da disciplina ou da visão. É a forma como ele aplica isso na paternidade, ensinando com amor e liderando pelo exemplo."

– CAINÃ GARTNER

"Joel Jota tem sido uma referência em vários aspectos da minha vida. Tenho certeza de que o seu novo livro sobre Paternidade me ajudará a ser um pai melhor."

– JOSÉ SALIBI NETO

"Joel compreendeu que nossos filhos são a próxima atualização da espécie humana. E que nosso papel é ser um ambiente seguro que cria as condições pra eles serem quem eles vieram pra ser."

– MURILO GUN

"Paternidade é isso, é ser digno de receber o bastão de alguém que veio antes até chegar a nossa vez de entregá-lo a outro alguém."

– RICK CHESTER

"A maior missão de um pai humano não é ser perfeito, mas apresentar ao filho o verdadeiro Pai espiritual: Deus. Ele é quem sustenta, nutre e permanece quando nós, inevitavelmente, falharmos."

– ROSSANDRO KLINJEY

"Ser humano de ouro, sempre em busca do conhecimento. Através de uma determinação fantástica desenvolvida com o esporte, alcançou resultados incríveis graças a sua sede de vitória. Sempre muito educado, enaltecendo e ajudando todas as pessoas que querem crescer. Joel Jota, o seu exemplo é o seu legado, assim como você foi abençoado por ter o seu pai como o seu herói, os seus filhos também foram abençoados com o mesmo privilégio dentro de casa. Os frutos não caem longe da árvore. Pois o exemplo máximo está aí. Parabéns gigantesco pelo pai extraordinário que você é."

– DOUGLAS VIEGAS (NINJA)

"Na paternidade, liderança não é discurso, é exemplo.

Os filhos não escutam o que você fala, eles repetem o que você faz. Essa é a alta performance da paternidade."

– CEZAR HAIK

"Muito se fala sobre maternidade, mas acredito que é a presença firme e amorosa de um pai que, em silêncio e constância, molda o caráter e a coragem de um filho, sendo para ele o espelho que ensina, o chão que sustenta e o teto que protege. Joel é um exemplo vivo dessa paternidade: um pai que integra os filhos à sua rotina, mostrando que a verdadeira grandeza não está apenas em deixar uma herança de bens, mas, acima de tudo, em construir um legado dentro de cada um dos seus pequenos."

– ANDRÉ VINÍCIUS FLORENTINO

"Quando temos um filho, é o renascimento do pai e da mãe. Eu, por exemplo, tive que aprender algumas coisas que não tive na minha infância: o amor, carinho, abraço e até mesmo beijos, cuidados, que são coisas que antes me limitava por não ter vivido na infância."

– CRIS GUEDES

"Na voz de um pai existe poder: de erguer ou de derrubar, de ferir ou de curar, de deixar um legado ou de perder um filho."

– LYOTO MACHIDA

"Educação pressupõe correção. Correção é ajuste. O que mais impede a educação hoje é o medo de ser rejeitado e julgado.

Joel é um dos caras que conheço que mais sabem corrigir e ajustar pessoas pro bem delas sem medo do julgamento e da rejeição.

Ele foi um cara bem treinado – que aceitou esse treinamento – e treina bem pessoas."

– EVERTON PIERI

"O Joel é o cara que faz com que o amor de pai seja uma ação constante. Ele não só fala da importância da família, mas constrói, no dia a dia, uma paternidade presente e efetiva, sendo um verdadeiro alicerce de cuidado e exemplo. Paizão!"

– IVAN MORÉ

"A paternidade é o encontro diário entre responsabilidade e amor, um legado que se constrói no silêncio dos gestos e ações."

– LUIGI BARICELLI

"Com você, Joel, aprendi que um pai lidera com presença, intenção e propósito, ensinando pelo exemplo antes mesmo das palavras."

– FRANCELINO NETO

"Conheço o Joel como amigo há mais de vinte anos e posso afirmar com convicção: o que ele transmite nas redes sociais é exatamente o que vive no dia a dia. Seus três filhos são a prova disso: educados, respeitosos e admiradores do próprio pai. É nítido como eles enxergam no Joel um verdadeiro exemplo a ser seguido, não apenas pelo que ele fala, mas principalmente pelo que ele faz."

– KEYNER LUIZ

"A paternidade consiste em gerar proteção e despertar o senso de importância na vida dos filhos. O Joel produz diariamente esse sentimento na vida dos seus meninos."

– MAURO DOS SANTOS FILHOS

"Ser pai é conhecer o amor mais puro e verdadeiro, é ter alguém ou algo maior para abrir mão de tudo todos os dias, é o verdadeiro significado do amor! E sobre você como pai: EXEMPLO."

– EDUARDO SCHOREDER

"Joel, o exemplo de um Pai inspirador vive em você! Você não mostra apenas um caminho, você caminha o caminho, ensinando sempre pelo seu exemplo como ser humano. Você inspira a paternidade quando ensina que o seu trabalho é ajudar as pessoas, e seus filhos repetem isso com muito orgulho, entendendo o propósito do que você faz pela sua família. Você faz com que o princípio da confiança seja inabalável na mente dos seus filhos, refletindo o legado deixado neles. De Pai para Pai, e agora, de Pai para filhos: 'Pense como quiser. Faça o que quiser, mas não culpe ninguém por seus resultados'. Continue nos inspirando e obrigado por tudo, meu irmão!"

– JHONNY MARTINS

"*Ser* é diferente de *estar*. *Ser* nos coloca em uma posição. *Estar* nos permite plantar sementes no presente, pra colher um legado de valores no futuro. A presença devolve!"

– JOÃO BROGNOLI

"O que mais admiro no Joel como pai é como ele faz questão de estar presente, mesmo com a rotina corrida. Isso mostra pra mim que sucesso de verdade começa em casa."

– SEU ELIAS

"Ser pai não é sobre ensinar a viver, é sobre viver de um jeito que seu filho queira seguir."

– THIAGO VOLPI

"Paternidade é criação de vínculo, não tem a ver com sangue, tem a ver com querer estar junto, querer criar, renovar os laços e vínculos de afeto diários.

Não se trata de ser pai, mas sim de fazer uma criança filho.

Ser pai também é respeitar a individualidade, saber que seu filho é diferente de você, é baixar expectativa e aumentar o acolhimento, é diminuir a cobrança e estimular o talento."

– WILTON BEZERRA

"Talvez o que melhor defina o significado da palavra PAI esteja implícito nestas três letras: P (promessa), A (amor), I (incondicional).

A única certeza que temos ao nos tornarmos PAI é que, inevitavelmente, precisaremos nos preparar para uma jornada imprevisível, repleta de desafios e que exigirá sabedoria, fé em Deus e profundo autoconhecimento.

Inspirar pelo exemplo é, sem dúvida, o ponto de partida para que, mesmo sem GPS, consigamos conduzir nossos filhos no caminho de uma vida de fé, saudável, próspera e socialmente responsável.

Nesse sentido, o que nos inspira Joel Jota através do lema Saúde, Família e Trabalho deve também refletir no compromisso maior que todo PAI assume diante de Deus: a Promessa de um Amor Incondicional."

– MARCELO CHUCRE

"Só tem um acontecimento na nossa vida que é para sempre, que são os filhos, portanto, eduque seus filhos com precisão para que seus companheiros de viagem sejam sempre seus amigos."

– ROBERTO SHINYASHIKI

"Amar os filhos, cuidar bem da família e ter um casamento duradouro, isso não é interrupção do trabalho importante. Isso é o trabalho importante! Joel sabe disso e além de inspirar milhões de pessoas nos negócios, também inspira no que mais importa na vida."

– MARCOS PIANGERS

"O Joel, como pai, se propõe a treinar seus filhos, não como pai, mas como treinador. E o Brasil está precisando de uma ressignificação com os pais, de homens fortes, que sustentam a cultura, reinantes, esportistas, empreendedores. Tudo o que o Brasil precisa se encontra em um pai chamado Joel Jota. Deve ser muito bom ser filho dele."

– PABLO MARÇAL

"Ser pai me ensinou algo que nenhum negócio poderia ensinar: o verdadeiro sucesso está em formar caráter e transmitir valores. A mentalidade que aplico nas empresas – de aprender, errar, ajustar e crescer – nasceu e se fortaleceu na paternidade. No fim, desenvolver pessoas, dentro ou fora de casa, é a herança mais valiosa que podemos deixar."

– JANGUIÊ DINIZ

"A paternidade me fez olhar o mundo por uma nova lente: a do amor incondicional.

Como um bom chocolate, exige tempo, cuidado e atenção para ser potente e doce.

Ser pai é um privilégio, um legado e o maior presente da vida!"

– ALE COSTA

"Eu não sei se é intencional seu, mas eu vi que você cria os filhos com a intencionalidade deles serem independentes o quanto antes! Isso me motivou a entender que meu objetivo como pai é me tornar inútil o mais rápido possível, e assim tenho feito! Te agradeço por isso!"

– GUTO GALAMBA

"Ser pai é reaprender a cada dia. É reviver a nossa infância com um novo olhar, mas agora com a missão de guiar os maiores amores da nossa vida. É ensinar boas maneiras, o respeito ao próximo, a resiliência diante das dificuldades e, acima de tudo, estar sempre presente de braços abertos para apoiar e ensinar com muito amor."

– THIAGO PEREIRA

"Ser pai é ser arqueiro: cada filho é uma flecha. Não os preparo para aplausos do mundo, mas para acertarem o alvo da eternidade."

– VITOR BELFORT

"Nas suas atitudes com seus filhos, vejo a determinação de transformar valores em legado e de educar pelo exemplo. Como pai, isso me toca profundamente e busco reproduzir o mesmo com os meus filhos.

Tenho uma filha que tem uma condição rara, a hipertricose congênita, e preciso prepará-la para ser mais forte e mais confiante por causa da sociedade. Ter você como amigo e referência me fortalece nessa missão."

– EDVALDO VALÉRIO

"Não me esqueço de uma mentoria de três dias que participei com o Joel. Em meio a tantos compromissos, ele parava tudo para estar com os filhos. Deitava no chão com eles, brincava e se entregava por inteiro. Essa cena nunca saiu da minha mente. Naqueles dias, percebi que não se tratava apenas da forma como o Joel cuidava dos filhos, mas, sobretudo, de como os filhos olhavam para ele. O brilho nos olhos deles dizia mais do que qualquer palavra – era a prova viva de que a maior conquista de um homem está dentro da sua própria casa. Depois dessa mentoria, tive outras oportunidades de estar com o Joel, tanto em sua casa quanto fora do ambiente de trabalho, e em todas elas vi a mesma cena se repetir: a família sempre em primeiro lugar. E foi nesse exemplo constante que compreendi que sucesso não está apenas em alcançar metas ou conquistar resultados, mas em viver de tal forma que aqueles que mais importam tenham orgulho de quem você é."

– DOUGLAS NASCIMENTO

"Ser pai pra mim, é descobrir que não sou só guia, mas também, um aprendiz. Esse amor não cabe em planos de negócio, nem em versos de música ou poesias prontas. É um risco constante, mas é também o investimento mais seguro que a minha alma poderia fazer."

– LUCAS LUCCO

"Lembro que uma vez te convidei para almoçar lá em casa e você falou algo como "posso levar meus filhos?", eu falei claro!, e você disse algo como "se me chamar e não puder levar meus filhos prefiro não ir."

– ARTHUR RIBAS

"Você já pensou que você é o super-herói do seu filho? Eu lembro do meu pai, ele tinha todos os defeitos do mundo, bebia, fala bobagem, mas ele era real o meu herói, e eu perdi meu herói muito cedo. Acho que a paternidade é o único jeito de curar a alma, curar a falta que meu herói me faz."

– KAIQUE TORRES

"Na vida, com nossa experiência, vamos provando várias formas diferentes de amor. Amor de filho, de irmão, neto, de amigo, de namorado, pelo trabalho... Mas se fosse obrigado a coroar o maior e mais lindo de todos os amores, certamente seria pelos meus filhos. Parabéns a você, meu amigo Joel, pelo exemplar pai que é não só para seus sortudos filhos, mas para todos nós."

– RICARDO NOVACK

"A metáfora bíblica do Salmo 127:3-5 diz que 'os filhos são herança do Senhor' e que 'Como flechas na mão do guerreiro, assim são os filhos da juventude'.

A paternidade é uma das maiores missões dadas por Deus: pais são arqueiros, responsáveis por preparar, lapidar e direcionar. E os filhos são como flechas; eles não devem ser segurados para sempre, mas sim preparados e lançados para viverem os seus propósitos.

E Joel Jota vive essa missão com nobreza, sendo uma grande referência para mim de como se educa e, acima de tudo, treina um filho para viver o melhor dessa terra – mostrando que o verdadeiro legado de um homem está em como ele forja seus filhos."

– HENDEL FAVARIN

"No Joel, vi que a verdadeira alta performance começa em casa: carinho, rotina e exemplo. O resto é consequência."

– CRISTIANO PINTO

"Existe uma passagem mítica na vida de um filho que é se afastar do pai em busca de se encontrar consigo mesmo, nas diferenças entre os dois, para depois de um tempo perceber que esse encontro se fez pelas semelhanças. O imenso amor do Joel como pai, no desafio de educar três meninos é, de certa forma, celebrar o legado recebido e, ao mesmo tempo, dar um novo significado ao seu próprio reencontro."

– ARTHUR BENDER

"Paternidade é cuidar da herança que Deus nos deu, que são nossos filhos, através do amor, paciência e sabedoria, mas tendo a humildade para entender que eles serão os nossos professores nessa belíssima jornada que é ser Pai."

– GILBERTO SILVA

"A paternidade pode desempenhar um papel fundamental na vida de um homem. Durante algum tempo, ouvi dizer que ter filhos roubava sua juventude, sua vida... Mas a verdade é que tratá-los como um investimento é um equívoco. Um filho é a certeza de que há alguém neste mundo que depende de você para sobreviver, para cultivar hábitos saudáveis, viver momentos inesquecíveis e, acima de tudo, construir valores e moralidade. Isso não tem preço.

Joel, com toda certeza, é uma dessas pessoas. Um líder inspirador, um exemplo de que ensinar também é uma jornada de aprendizado e crescimento constante. Não há professor melhor do que aquele que segue aprendendo dia após dia. E, sem dúvida, esse é seu maior legado."

– MOHAMAD BAKARAT

"Você, Joel, foi um bom filho um dia. Eu tinha certeza de que você seria um bom pai, porque para ser um bom pai é preciso ter sido um bom filho um dia.

Foi assim que você viveu parte da sua vida até aqui: tentando ser o melhor filho pro seu pai, cada abraço, cada conselho e cada risada com ele eram como um treino silencioso para o dia em que você teria seus próprios filhos nos seus braços."

– HUGO DUPREE

"Joel Jota não é apenas um profissional de alta performance que admiro profundamente, mas um amigo que vive autenticamente sua filosofia de 'saúde, família e trabalho'. Como pai, testemunho diariamente que a paternidade é nossa missão mais importante, a oportunidade de construir um legado de valores, amor incondicional e filhos emocionalmente fortes. Joel consegue ser firme sem deixar de ser amoroso, presente de corpo e alma, guiando seus filhos pelo exemplo. Este livro é o raio X de um homem que coloca em prática seus valores de paternidade e amor incondicional, inspirando outros pais a fazerem o mesmo."

– ROGÉRIO SALUME

"Em cada conversa com o Joel eu confirmei: brilhar no palco é só consequência de estar inteiro no bastidor da família.

É nesse bastidor que a presença revela a verdadeira alta performance.

Na vida dele, ela não se fundamenta no aplauso recebido, mas na presença parental que habita o silêncio da casa."

– ALEX MONTEIRO

"Por mais de vinte anos eu estive focado apenas em indicadores de sucesso que cabem em planilhas. A paternidade me apresentou ao único investimento cujo retorno não se mede em planilhas, mas o dividendo é diário, e o legado é infinito."

– CARLOS FURLAN

"A paternidade assume muitas formas: empreendedora, quando geramos e cuidamos de uma empresa; acadêmica, quando orientamos nossos alunos; científica, quando damos origem a ideias transformadoras fruto da observação e do questionamento. Mas nenhuma se compara à paternidade dos filhos. É nela que compreendemos, de fato, o que significa a imortalidade da alma: ao ter filhos, deixamos de existir apenas como indivíduos e passamos a viver como pais, guiando um coração que pulsa fora do nosso corpo e que precisa ser ensinado e educado. A trajetória do Joel ilustra essa responsabilidade. Ele demonstra, diariamente, o valor de adiar a gratificação para alcançar objetivos maiores: aceitar o desconforto de hoje para conquistar o amanhã. E o faz da maneira mais profunda – formando filhos, naturais ou digitais, que buscam a força antes da segurança, pois quem é forte encontra segurança em qualquer circunstância."

– PAULO MUZY

"Uma das maiores lições da minha vida foi aprender a controlar minhas emoções e não descontar minhas frustrações nos outros. Aprendi isso com o Joel, em uma competição, quando tinha apenas doze anos. Depois de perder uma prova, tentei descontar minha raiva nele e foi nesse momento que ele me mostrou, com firmeza, que a verdadeira força está no autocontrole. Quase vinte anos depois, sigo vivendo esse ensinamento todos os dias, e é inspirador ver ele passando a mesma lição para os filhos. Algumas lições têm o poder de mudar gerações."

– MATHEUS LOURO

"Admiro muito a forma como você educa seus filhos. A parte que mais admiro é a PRESENÇA de qualidade e quantidade. Você se importa com os filhos, deixando a maior herança que um filho pode ter: princípios, valores e exemplo."

– JULIANO TORRIANI

"O que define o Joel não é o que ele conquista no palco, mas o que ele preserva em casa. Não é a performance ou os resultados que o tornam grande, mas sua postura como pai. Porque, no fim, é na família, e não na fama, que a verdadeira vitória acontece."

– MARCUS MARQUES

"Vivi os primeiros dois anos do meu filho com a certeza de que estaria preparado para lidar com a perda de algumas fases, em detrimento de construir o futuro do meu filho, até me dar conta da dura realidade de que o tempo é implacável e que eu havia perdido algumas coisas que não têm volta. Isso dói e demora para reconstruir as fases perdidas, que fazem parte da construção do caráter e da essência do meu filho.

Como pais, nossa maior responsabilidade é estar presentes em todas as fases dos nossos filhos e entregar o nosso melhor em cada momento, construindo o caráter e a essência deles com amor e dedicação."

– JAISON VIEIRA

"Ser pai é ter a chance de aprender sobre todos os sentimentos existentes. E entender que poucos anos de paternidade podem ser mais transformadores do que toda uma vida de dedicação em qualquer outra área."

– HYESER

"Sucesso é performar em todas as áreas da vida, inclusive como pai."

– PAULO VIEIRA

"Meu objetivo é ver meus filhos bem criados e bem sucedidos. Depois que eu perceber que atingi isso, eu acredito que a minha missão estará completa."

– DENILSON

"Absolutamente nada me inspira mais na maneira que você tem de criar os seus filhos do que o modo como você faz eles perceberem que eles são o que eles decidem ser. Isso é a coisa mais simples e mais poderosa de todas que eu vejo você fazendo consistentemente."

– PEDRO SOBRAL

"O que mais se destaca no Joel na forma de lidar com os filhos é o equilíbrio entre carinho e limites, uma fórmula infalível para uma paternidade de alta performance."

- GUSTAVO BORGES

"Paternidade.

Ser pai é muito mais do que transmitir um sobrenome ou garantir uma herança patrimonial. Paternidade é assumir a missão de guiar, inspirar e formar caráter dentro de valores sólidos. É ser presença constante e apoio emocional, não apenas em momentos de alegria, mas também em circunstâncias de grandes desafios, oferecendo visão e coragem quando a vida também oferece, por outro lado, obstáculos que parecem ser intransponíveis.

A verdadeira paternidade se revela no exemplo, no modo como se trata os outros, na forma como se enfrenta os desafios, na maneira como se reage aos imprevistos da vida, na disciplina, na ética e na capacidade de amar e respeitar as diferenças. Um pai não é apenas provedor de recursos, mas sobretudo provedor de valores, aquele que ensina que dignidade não se compra, que o respeito se conquista e que a responsabilidade é o alicerce da liberdade.

Mais do que um papel social, a paternidade é um legado pra toda vida e que se perpetua nas próxima gerações. Cada gesto, cada palavra e cada escolha tem o poder de ecoar no futuro dos filhos, dos netos e de todas as pessoas que serão influenciadas por eles. Ser pai é compreender que a maior vitória não está apenas no que se conquista individualmente, mas também no que se transmite com amor e propósito para aqueles que caminharão depois de nós.

Do ponto de vista prático, além da missão de pai, educador e líder, sempre priorizei conquistar o coração dos meus três meninos. Entendi que, com os corações deles alinhados ao meu, teria um solo fértil para plantar e cultivar os valores que considero essenciais. Cada filho, porém, tem seu próprio ritmo e capacidade de absorção, e é nesse processo que a paciência se torna indispensável. É fundamental compreender que cada um amadurece no seu tempo, à medida que suas conexões internas se formam. Assim, com os corações alinhados, a jornada de transmitir valores se torna mais leve, natural e segura.

Ser pai tem sido uma jornada de muito aprendizado e, sobretudo, um exercício que nos ajuda a extrapolarmos a nossa individualidade para que nos tornemos líderes daqueles vão perpetuar os nossos valores para as próximas gerações."

– FLAVIO AUGUSTO

"Ser pai é a maior bênção que um homem pode viver. É proteger sem prender, orientar sem controlar e amar sem medida. É estar perto o bastante para apoiar, e longe o suficiente para deixar o filho aprender a voar."

- NEYMAR PAI

"Educar é transformar momentos em legado

Tenho dois filhos, com apenas treze meses de diferença. Hoje estão com 22 e 21 anos. Crescemos juntos, e desde cedo fiz questão de forjá-los nos desafios, principalmente através do esporte. Ali eles aprenderam disciplina, resiliência, espírito de equipe e, mais do que isso, aprenderam a encarar a vida de frente. Essa escola do esporte os levou até a faculdade e deu a eles uma base que nenhum atalho poderia dar.

É por isso que, sempre que vejo um post do Joel e da Lalas com os filhos, me admiro e me inspiro. Porque reconheço ali muito do que acredito e do que vivi como pai. Acho incrível a forma como eles estão próximos dos filhos, transformando cada momento em aprendizado. Seja numa palestra em que o Joel diz com clareza: 'o papai vai ajudar outras pessoas a vencerem', mostrando que a missão do adulto pode inspirar a missão da criança. Seja num fim de semana, jogando bola, quando a bola cai numa valeta – e aquilo que poderia ser só um contratempo vira uma aventura, um desafio, uma memória inesquecível.

E é exatamente isso que me inspira: o equilíbrio que o Joel e a Lalas conseguem manter entre família, trabalho e propósito. Não é discurso vazio, é prática diária. É viver de verdade o que pregam: saúde, família e trabalho, nessa ordem. E isso é admirável. Porque paternidade não é sobre facilitar a vida dos filhos, é sobre preparar cada um deles para enfrentar o mundo com coragem, confiança e caráter."

– CLEBER SOARES

Ser pai é ter a sabedoria de um campeão. Saber o momento de se recolher, de buscar orientação, e de entrar na luta pronto para fazer o be-a-bá certinho.

Ser pai exige disciplina. É ser referência para o próprio filho para que ele possa, quem sabe, se inspirar e se tornar alguém parecido com você. Porque igual ao pai, o filho nunca vai ser.

Ser pai é isso: ser o campeão de si mesmo. É permitir que o seu filho olhe pra você e veja alguém diferente, leve, alguém que ele possa admirar de forma limpa, verdadeira.

As referências de pai hoje não são mais as mesmas que eu tive lá em 1975, quando nasci.

- POPÓ

SUMÁRIO

PREFÁCIO

Não é preciso grande reflexão. Educar para a vida é bem coisa de humanos. Uma exclusividade, talvez. Os demais viventes simplesmente vivem. Sem maiores problemas. Com suas infâncias curtíssimas. E seus poucos minutos para começar a andar com as próprias pernas e escapar de seus predadores.

Já nós somos diferentes. A nossa primeira idade é esticada até arrebentar. E deixa traços sobre todas as outras. Carinhos, fofuras, ternuras são resquícios apreciados de um passado que nos embala e nos mima.

Isso porque não nascemos completamente apetrechados. Como se os nove meses não fossem suficientes. Nem para sobreviver, ainda menos para viver a humana vida que nos toca em sina.

Reconheçamos sem mais. Se deixados à própria sorte, padecemos. Com recursos de adaptação pífios, não oferecemos resistência ao mundo e suas infinitas situações contundentes. Por isso, sem dar conta de avançar sozinho, precisamos dos outros, mais do que qualquer outro animal que conhecemos.

No nosso caso, o indispensável para a vida é aprendido em pleno voo, com a nave em rota, no calor do jogo, no percurso de quem já começou a caminhar após o aviso da largada. Tanto que ninguém mais no universo – a comparação com outros mamíferos terráqueos bastaria – nasce com um cérebro que só conta com a terça parte da envergadura final. É como se saíssemos de casa para a festa só com as roupas íntimas e tivéssemos que ir tecendo o resto pelo caminho.

Dificuldade inicial mais do que relevante. Outras espécies já arrancam com quase tudo a postos. Suas infâncias, em um piscar de olhos, já sinalizam uma vida adulta já definida, pronta, programada.

No nosso caso, toda essa fragilidade de princípio nos dá a chance de escolher um pouco mais na hora de se adaptar.

Não que se trate de alguma vantagem ou compensação. Menos ainda de um prêmio de consolação. Apenas uma consequência inevitável. Por termos nascido sem muitos recursos, temos que ir decidindo o que nos convém e, assim, fabricando nós mesmos tudo que faz falta.

Gosto de gatos. Na verdade, gosto mesmo é do meu. O Epaminondas. Não conheço bem os outros. Dizem que são parecidos. Eu duvido muito.

Epaminondas leva vida de gato porque é gato. Não lhe resta outra. Toca-lhe seguir o *way of life* de felinos à risca. Sem inventar moda.

Há quem diga que ele está bem de boa vivendo a vida de acordo com o que é. Mesmo não havendo opção. Talvez, por isso, não sinta falta alguma de se reinventar. É possível que tenham razão.

Mas conosco, vocês e eu, é diferente. Ao menos parece-nos que seja. Não há como negar. Temos valores, respeitamos princípios, normas, buscamos sentidos, identificamos propósitos, desenvolvemos estratégias, avaliamos desempenhos etc. Para nós, a cada segundo, tudo poderia ser bem diferente.

E ainda nos aguardam, para o nosso futuro, possibilidades bem humanas. O contínuo aperfeiçoamento. A busca incansável da excelência. A mediocridade confortável. Ou ainda mandar tudo às favas.

Com quem vamos aprender a viver?

Ora, com quem já sabe. Ou parece saber algo mais do que nós sobre o tema. Esses mesmos que apareceram desde o começo. Que foram chegando, pegando no colo, dando de mamar e chamando de seu. Quando nos demos por nós, já tinham nos dado nacionalidade, idioma, nome de família, endereço, traços genéticos e um montão de outros atributos que aos poucos vão nos contando quais são.

No mundo tem muita gente. Como acabamos de nascer, todos que nele já se encontram parecem autorizados a nos ensinar alguma coisa. Afinal, ninguém pode saber menos do que nós sobre as coisas de uma vida humana. Até porque a nossa acabou de começar, e, pelo tanto que choramos, não passamos de um ser sofrente, alvejados que fomos pelo trágico nascimento.

Desse modo, precisamos demais desses outros que já estavam por aí e foram aparecendo pela frente. Nossa incompetência adaptativa é aberrante. Alguns movimentos desconexos, gritos que não agradam, nenhuma possibilidade de autodefesa, tampouco de buscar, por conta própria, o mínimo necessário para aguentar até o dia seguinte.

Ao mesmo tempo que nos abastecem de tudo, esses que circulam ao alcance opaco da vista também se apresentam como capazes e responsáveis por nos tirar dessa situação de fragilidade universal e nos permitir alcançar condições de uma vida propriamente humana.

A distância entre o começo e o fim do percurso parece mesmo de dimensões cósmicas.

Sendo assim, é de se esperar que esses adultos – mais diretamente responsáveis por essa façanha tão grandiosa – estejam propensos a ser mais do que meros parceiros de divertimento ou confidentes das frustrações comezinhas. Mais do que companhia para compartilhar a solidão do pasto, aconchego na cama fria ou galhofa no mergulho refrescante.

Para tudo isso, não precisa ser pai. Aliás, nem amigo. Basta um bom colega de escola, com quem nos entendamos bem, e todas essas carências se resolvem.

Pai é outra coisa. Porque ninguém sai do berço pulsante para uma adultidade digna e civilizada só comendo pipoca, vendo séries televisivas ou passando o fim de semana na praia.

O leitor e a leitora sabem. É preciso muito, muito mais.

E se você me pergunta o quê (é preciso), ora, suponho que já haja maturidade para avançar pelas páginas que seguem e saborear estas lindas ideias apresentadas, com a alegria de sempre, pelo talentosíssimo Joel.

Sem mais lhes furtar tempo e paciência, deixo-vos a todos em suas ótimas mãos, augurando uma leitura prazerosa e enriquecedora, como certamente foi a minha.

Um afetuoso abraço.

– CLÓVIS DE BARROS FILHO

PRÓLOGO

O LIVRO QUE MEU PAI NÃO ESCREVEU

O que a palavra "pai" representa para você?

Para alguns, é sinônimo de carinho e acolhimento; para outros, disciplina e cobrança; há aqueles que associam a figura paterna à ausência e rejeição; e os que só conseguem sentir revolta quando lembram do pai. Qual é o seu caso?

Psicólogos, psiquiatras, clérigos, professores e outros especialistas estão de acordo: a figura paterna é de indiscutível importância na formação de uma criança. Um pai presente não apenas fortalece o vínculo familiar, mas também influencia diretamente no crescimento saudável e no desenvolvimento emocional.

Infelizmente, no Brasil, mais de 5,5 milhões de crianças e adolescentes não têm nem sequer o nome do pai registrado em sua certidão de nascimento. É uma parcela expressiva da população jovem brasileira marcada, desde o início da vida, pela ausência paterna. Outros até contam com o pai em casa, mas crescem sob o peso de traumas deixados por homens dominados pelo vício, pela violência doméstica, pela negligência ou pela covardia de não assumir a própria família. São feridas invisíveis às estatísticas, mas que moldam destinos, fragilizam vínculos e deixam marcas profundas em gerações inteiras.

Isso nos leva a entender muito do que vemos nas casas, nas escolas e nas ruas. E deixa claro que um dos maiores problemas do Brasil não é apenas econômico ou político... é um problema de paternidade.

Graças a Deus, eu tive um pai presente. Ele foi – e continua sendo – a maior referência de homem que conheci. Convicções firmes, virtudes sólidas, um trabalhador incansável, pontual, rígido com valores, incapaz de tolerar a mentira.

Foi com meu pai que aprendi a respeitar o tempo, a honrar compromissos e a sustentar o valor da palavra. Não era de muitos abraços, é verdade. Mas suas frases me envolviam mais do que qualquer gesto. Suas falas eram diretas, afirmativas, carregadas de sentido. Quando ele falava, eu me sentia visto, fortalecido e convocado a ser melhor.

Meu pai saiu da pobreza com dignidade. Com esforço, construiu uma família estruturada, comprou a própria casa e garantiu educação para os filhos. Mesmo tendo muitas responsabilidades, nunca fechou a mão: ajudava meus avós, meus tios, meus primos e amigos com prontidão. Era um homem de princípios inegociáveis.

Meu pai nunca escreveu um livro, mas foi meu primeiro exemplo de leitor. Cresci cercado por uma pilha de almanaques, jornais, enciclopédias e livros que ele mantinha em casa. Lembro do cheiro do papel, das páginas amareladas, da curiosidade que aquelas coleções despertavam em mim. Ele lia com frequência, não apenas para se informar, mas para se formar. Ao observá-lo, aprendi que a leitura não era passatempo: era um portal para entender melhor o mundo e para acreditar que eu também poderia ocupar o meu lugar nele.

Foi também o meu maior incentivador no esporte. Investiu tudo o que podia – e às vezes até o que não podia – para que eu e meu irmão treinássemos, competíssemos e acreditássemos em nós mesmos. Não importava se o dinheiro estava curto ou se o tempo era escasso: ele sempre encontrava um jeito de nos levar até a piscina, pagar a mensalidade do clube ou comprar o equipamento necessário. Cada esforço dele trazia uma mensagem silenciosa:

"VOCÊS VALEM A PENA. EU ACREDITO EM VOCÊS".

Foi esse investimento constante que moldou não apenas meu desempenho atlético, mas também minha autoconfiança e meu senso de disciplina. Eu não queria decepcioná-lo. Queria que ele me visse vencer.

Hoje eu entendo: meu pai nunca quis ser meu amigo.

"Como assim, Joel? Pai não deve ser amigo?"

Vamos falar mais sobre isso nos próximos capítulos, mas já adianto: não. Amizade é escolha; paternidade é missão. E com essa missão vêm as lições mais duras – aquelas que só um pai, com amor e coragem, é capaz de ensinar.

Na natação, por exemplo, quando eu piorava meu tempo, as desculpas surgiam na ponta da língua:

"O bloco de partida está ruim", "A piscina está fria", "A viagem foi cansativa".

Sempre havia uma justificativa para escapar da responsabilidade. Mas ele, atento, não deixava passar. Não levantava a voz, não fazia escândalo. Apenas me olhava e começava a perguntar:

"E o Bruno?"

"E o Leandro?"

"E a Stephanie?"

Todos tinham nadado na mesma piscina, no mesmo dia, nas mesmas condições… e ainda assim tinham melhorado seus tempos. A resposta dele vinha seca:

"Então não foi a piscina... foi você".

Ele sempre me devolvia a responsabilidade, sem piedade. Era difícil de ouvir, porque eu não tinha como fugir. Mas isso me forjou.

"Você não tem sensibilidade para me escutar", dizia, quando eu retrucava. De tanto ele repetir isso, aprendi a ouvir.

Anos mais tarde, quando me tornei professor universitário, ele me parabenizou. E passou quase duas horas me falando da responsabilidade que eu carregava dali em diante: o que eu dizia, com quem eu andava, o que eu ensinava. Ele não havia terminado o ensino formal, mas tinha plena consciência do que significava educar.

Meu pai nunca escreveu um livro, mas a última frase que ouvi dele antes de morrer hoje está tatuada no meu braço:

"Pense como quiser, faça o que quiser, mas não culpe ninguém pelos seus resultados."

Essa frase se tornou um mantra, mas não ficou presa à memória, nem restrita à minha pele. Espalhou-se. Já a vi tatuada em dezenas de pessoas. Algumas caminham comigo nos negócios, são meus sócios.

**PENSE COMO QUISER,
FAÇA O QUE QUISER,
MAS NÃO CULPE NINGUÉM
PELOS SEUS RESULTADOS.**

Outras, nunca conheci na vida. Mas todas, sem exceção, compreenderam o que ela carrega: a essência da autorresponsabilidade. Um lembrete permanente de que o destino não pode ser terceirizado.

Meu pai nunca escreveu um livro, mas me formou com palavras. Pude ouvi-lo dizer muitas vezes:

"Você é inteligente."
"Você é rápido."
"Você consegue."

E quando eu vencia, completava:

"Eu sabia. Eu confio em você."

Essas frases hoje são repetidas por mim, saltando da minha boca para os ouvidos dos meus filhos. Eu pergunto:

"O que você é?"
E o João responde: "Rápido".
O Joaquim responde: "Resistente".
O Pedro responde: "Forte".
Depois eu lanço:
"E o que vocês aprendem todos os dias?"
Eles respondem: "Uma coisa nova".

Esse código vem de mim, mas começou nele, no meu pai.

Se meu pai tivesse escrito um livro, provavelmente teria começado com a frase que repetia nas conquistas mais importantes:

"Eu sou maior do que os meus sonhos."

E completaria:

"Sou maior porque fui o capitão do meu destino. Cada um constrói o trilho da própria vida."

Se pudesse me ver como pai hoje, estou certo de que diria algo como:

"Você aprendeu comigo. Aprendeu certo. E fez uma bela extensão da nossa família."

Meu pai nunca escreveu um livro, mas me deu toda a base para que eu escrevesse vários. Hoje seus netos podem crescer lendo os livros que eu escrevi. E nenhum desses escritos existiria se não fosse o avô deles, o homem que me deu a base, os valores e a visão que sustentam cada palavra.

Esta é a minha história com meu pai, mas conversa com a sua. Eu não sei o que você vive ou viveu. Talvez você tenha crescido sem pai. Talvez não tenha tido uma boa relação com ele. Ou, quem sabe, ele não tenha sido o melhor exemplo. O que posso lhe dizer é que isso não define quem você vai ser daqui para a frente. Você pode quebrar o ciclo.

Este livro não foi escrito apenas para pais que hoje criam seus filhos, mas também para filhos que não tiveram o melhor exemplo de pai. E se há um conselho que posso deixar logo de início é este: perdoe o seu pai. Não porque ele merece, mas porque você merece seguir em frente. O perdão não apaga o passado, mas abre espaço para uma revolução dentro de você – uma transformação capaz de mudar a sua história e a das próximas gerações.

Agora pare, respire, sinta a leveza... você está pronto para seguir em frente!

1

UMA ESCOLA CHAMADA...*FILHOS DOS OUTROS*!

"É fazendo que se aprende a fazer aquilo que se deve aprender a fazer." – **Aristóteles**

Ainda guardo na memória o cheiro do cloro, o barulho da água soando como um metrônomo, e a imagem dos meninos mergulhando, nadando e sorrindo. Na borda, estava eu, orientando e dando ordens...

"Braço mais esticado!"
"Respira pelo lado, não pela frente!"
"Vamos, mais rápido, não para agora!"
"Cabeça dentro da água, sem medo!"

Eu não era pai ainda. Mas já estava cercado de filhos... dos outros.

Por uma década e meia fui chamado de "técnico" por centenas de garotos. Talvez sem saber, fui visto por muitos deles como um pai temporário. Comecei em 2001, como treinador assistente da equipe infantil da Unisanta, com meninos de dez a catorze anos. Encerraria essa jornada apenas em 2016, depois de passar por clubes, categorias e colecionar títulos. Foram quinze anos de medalhas – e de aprendizados incríveis.

A piscina era uma arquibancada silenciosa onde a vida se mostrava em detalhes. Vi meninos crescerem e se formarem. Acompanhei seus ciclos escolares, dilemas familiares, primeiros traumas, vitórias e frustrações. Vi garotos que buscavam prêmios, mas que, na verdade, mergulhavam em busca de pertencimento, disciplina e direção.

Convivendo com os pais desses atletas mirins, percebi padrões. Alguns eram ausentes, não por desprezo, mas porque o trabalho, o cansaço ou a falta de orientação os engoliam. Outros eram absolutamente presentes: sentavam-se nas arquibancadas frias mesmo quando não havia competição. Havia também os pais técnicos, que se envolviam demais por querer o melhor resultado a qualquer custo. E os silenciosos, que não entendiam nada de natação, mas nunca deixavam o filho sozinho.

Conheci todos: pais que nadavam e pais que não tinham medo de nadar; pais carinhosos e pais duros; pais operários e pais empresários; pais comerciantes e pais funcionários públicos; pais pedreiros e pais vendedores. Todos tinham algo em comum: tentavam acertar com as ferramentas que tinham em mãos.

Eu via isso refletido em seus filhos. Um menino pode não dizer nada, mas a ausência do pai ou sua presença apenas física transparece no olhar, no gesto, na raia. Os que tinham falta buscavam minha aprovação. Os mais seguros levavam para dentro d'água a confiança que recebiam em casa. Muitos nunca ouviram um "estou orgulhoso de você" de seus próprios pais, e isso influenciava na maneira como nadavam, como choravam, como riam depois da prova. Outros, porém, transbordavam segurança: riam das próprias falhas, levantavam-se rápido depois da derrota, voltavam ao treino com brilho nos olhos. Eram meninos que carregavam no peito a certeza de serem amados, independentemente do tempo marcado no cronômetro.

Ganhei títulos como treinador. Colecionei recordes, troféus, provas emocionantes. Mas o que realmente me marcou foi perceber que, muito antes de ser pai dos meus três filhos, eu já estava sendo preparado para a paternidade. Sem saber, estava aprendendo a ouvir, a corrigir sem humilhar, a motivar antes de exigir. Eu era um pai em formação, sendo treinado pelos filhos dos outros.

A piscina me deu mais do que técnica. Deu-me uma lente sobre a paternidade: a diferença que um olhar atento pode fazer, a transformação contida em um elogio na hora certa, o estrago silencioso de uma cobrança mal feita e a beleza simples – e poderosa – de apenas estar presente, com intenção e verdade.

Quando enfim tive filhos, não estava "no zero". Eu já carregava mil histórias. Mil almas. Mil vozes. E todas essas vozes se tornaram uma bússola. Elas me mostraram, sem saber, o que funciona, o que machuca, o que faz um menino crescer forte por dentro.

ANTES DE SER PAI, FUI ALUNO DOS FILHOS DOS OUTROS... E ESSA FOI UMA DAS ESCOLAS MAIS IMPORTANTES DA MINHA VIDA.

Não existe ensaio na infância

A primeira infância (do nascimento até os seis anos de idade) é como terreno fértil. O cérebro cresce em ritmo acelerado, criando conexões a cada estímulo recebido. É uma fase em que tudo parece maior: a dor, a alegria, o medo, a descoberta. É uma janela aberta para aprender com mais facilidade, absorver valores, desenvolver competências.

Por isso um olhar, um elogio, uma palavra de encorajamento podem ter efeito desproporcional. O mesmo vale para a ausência, o silêncio, a cobrança fria. Pequenos gestos que, para um adulto, passam despercebidos, para uma criança se tornam memórias que ecoam por toda a vida.

E aqui cabe uma pergunta importante: o que você, adulto – pai, mãe ou responsável –, tem feito para que a infância do seu filho não seja ferida, marcada por ausências ou carregada de pesos que não são dele?

Porque a verdade é uma só: não existe ensaio na infância. Para um pequeno, cada dia vivido é como se fosse definitivo.

Na prática

Escolha hoje um gesto simples para reforçar a infância saudável do seu filho:

- Diga em voz alta que tem orgulho dele.
- Brinque junto, mesmo que por cinco minutos.
- Escute sem interromper.

Não subestime os pequenos gestos. Para uma criança, podem ser suficientes para marcar a vida inteira.

2

PAI DE MENINOS

"A alma é curada ao estar com crianças." – **Fiódor Dostoiévski**

Os números não mentem: os homens vivem, em média, sete anos a menos do que as mulheres. São eles que mais morrem em acidentes de trânsito. São eles que mais tiram a própria vida. São os mais atingidos por doenças mentais, os que mais consomem álcool e outras drogas. Também são os maiores alvos da violência armada e, paradoxalmente, os que mais matam.

Esse retrato duro mostra que o modelo de masculinidade não refletido, não questionado, não cuidado, simplesmente fracassou.

Há esperança, porém: uma pesquisa[1] revelou que 80% dos pais, ao descobrirem a paternidade, afirmam que farão tudo o que for possível para acompanhar o desenvolvimento dos filhos. Esse dado aponta que o cuidado pode ser a chave para reescrever essa história.

Sou pai de três meninos: João, de seis anos; Joaquim, de três; e Pedro, de dois. Eles chegaram para mudar tudo: a energia do lar, as

---

1. Instituto Promundo. *A situação das paternidades no Brasil – Tempo de Agir.* 2019.

conversas, as correções, a forma como eu preciso me posicionar... Confesso que sempre quis ter uma filha, mas Deus me deu o que eu precisava: três guris que me desafiam, me observam e me imitam.

As brincadeiras com eles são intensas. Eles se penduram em mim como se eu fosse uma árvore, me fazem de goleiro quando decidem jogar bola, arriscam piruetas, sobem nas minhas costas para empinar pipa, me desafiam a correr, me chamam para brigar no tapete. Com eles, a vida é puro movimento.

Lalas, minha esposa, tem um padrão diferente. Com ela, as atividades são mais detalhadas, delicadas e cuidadosas. Enquanto ela traz *praxia fina* (os detalhes das mãos, o desenho, a pintura), eu trago *praxia global* (a força do corpo, a coordenação ampla, o desempenho). Ela cria, pinta, organiza, ensina com paciência. Eu levanto os três no colo ao mesmo tempo, subo as escadas com eles, giro no ar e depois caímos juntos no tapete, rindo, gritando e respirando fundo para aguentar a próxima rodada.

Isso tudo exige estrutura. Três meninos demandam clareza sobre quem eu sou como pai. Afinal, eles me veem como o pilar que sustenta a casa, o referencial, e isso me obriga a estar atento ao meu comportamento o tempo inteiro, desde as brincadeiras até o momento de correção.

Eu não sou do tipo de gostar de gritar. Não imponho respeito pela força da voz. Apenas paro, olho no olho e converso com firmeza. Explico o que aconteceu, o que pode acontecer se o conflito continuar, e faço perguntas. Sempre faço perguntas. Eles precisam repetir o que entenderam, precisam refletir. Só depois disso, fechamos o acordo.

"João, Joaquim, se vocês continuarem brigando, vão perder os privilégios. Entenderam? Sim? Então me digam: o que vocês gostam de fazer? Ah, ver desenho, brincar, tomar sorvete. Ótimo! Então me repitam o que combinamos."

E eles repetem. Depois se abraçam. E pedem desculpas um ao outro.

Educar é formar. E a formação acontece quando a mente é desafiada e o coração é tocado. Escrevo este livro porque estou em campo. Eu conheço o território. Seria irresponsável falar de algo que não vivo. Não sou pai de menina, ainda que um dia tenha sonhado com isso. Mas isso não me impede de formar homens que saibam lidar com meninas. Eles aprendem isso todos os dias observando a forma como eu trato a mãe deles. Me veem carregando sacolas, abrindo portas, abraçando, beijando, dançando com a Lalas na sala. Me ouvem dizendo que a amo, que ela é linda, que é maravilhosa.

Nunca ouviram um grito, nunca presenciaram uma agressão, nem verbal, nem física. E é nesse silêncio que se forma o respeito.

Não digo isso por me achar *o tal*. Apenas tenho plena consciência de que o que meus filhos enxergam em mim é o que vão reproduzir no futuro. Eles vão levar o que aprenderam para as amizades, os namoros, os casamentos. Porque menino aprende a tratar uma mulher ao ver como o pai trata a mãe dele. Por isso, lanço a pergunta:

"O que os seus filhos têm visto?"

Ser pai de três meninos é viver alerta e, ao mesmo tempo, em festa. É corrigir com calma e brincar com força. É saber que tudo que eu fizer – e tudo que eu deixar de fazer – vai reverberar na forma como eles enxergam o mundo, as pessoas e a si mesmos.

Essa é a minha trincheira. Esse é o meu chamado. E se eu conseguir fazer com que eles cresçam com coragem, identidade e presença, saberei que cumpri minha missão.

Para relembrar

Ser pai de um menino é mais do que ensinar a chutar uma bola. É ser o espelho onde ele aprende o valor do respeito, a coragem de proteger, a força do autocontrole e a dignidade de enfrentar desafios. É formar, no dia a dia, não apenas um filho, mas um homem inteiro.

3

O PODER DAS PALAVRAS NA FORMAÇÃO DE UM FILHO

"Palavras podem acender fogos na mente dos homens." – **Patrick Rothfuss**

Pai, o que você diz ao seu filho pode – literalmente – afetar o futuro dele.

Grande parte da nossa experiência nasce das palavras. Elas materializam ideias. E as ideias formam a cultura. É por meio do que ouvimos, lemos e repetimos que aprendemos a nos relacionar conosco, com os outros e com o mundo.

Dizem que "palavras são levadas pelo vento". Mas a verdade é outra: só se perdem aquelas que não tocam nosso universo pessoal. As que nos dizem respeito permanecem ecoando, moldando a consciência, guiando emoções, sustentando sentimentos. Ou seja, elas se tornam parte de quem somos.

Podemos afirmar, sem medo, que a forma como uma palavra é dita tem tanto peso quanto o próprio fato que ela descreve. É uma questão até mesmo bioquímica. A neurociência já atestou que pensamentos afetam diretamente a química do cérebro. Pensamentos positivos liberam dopamina e serotonina, aumentando bem-estar, motivação e resiliência. Pensamentos negativos, por outro lado, despejam cortisol no organismo, desencadeando ansiedade, medo e doenças.

Em outros termos: o que pensamos e dizemos pode alterar nossa biologia, influenciar nossos genes e impactar profundamente nossa saúde física e emocional.

Dois psiquiatras renomados, Mark Waldman e Andrew Newberg, exploraram isso com detalhes no livro *Words Can Change Your Brain* (Palavras podem mudar seu cérebro). Eles mostram que o cérebro reage de maneira diferente a palavras positivas e negativas. Uma frase que começa com "não" aumenta a produção de cortisol, o hormônio do estresse. Já uma frase que começa com "sim" estimula a dopamina, neurotransmissor associado ao prazer e à motivação.

Um estudo da Friedrich Schiller University reforça: expressões afetuosas e positivas ativam áreas do cérebro ligadas à autoimagem e à tomada de decisões emocionais. Ou seja, palavras gentis não apenas melhoram a percepção que temos de nós mesmos, como também nos ajudam a decidir melhor.

Palavras constroem ou destroem. Podem ser âncoras de medo ou sementes de coragem. E quando elas saem da boca de um pai, o impacto é multiplicado.

Aprendi isso desde cedo com o Seu Joel. Ele repetia:

"Você é rápido".

"Você é capaz."

"Você é bom."

Essas frases foram me moldando. Não eram apenas sons – eram sementes lançadas no solo do meu coração.

Como destaquei no primeiro capítulo, a primeira infância é uma fase decisiva na formação da identidade. É quando a criança começa a entender quem é, e quem acredita ser. E essa imagem nasce, principalmente, da voz dos pais.

Por isso faço questão de afirmar todos os dias para os meus filhos quem eles são. Uso palavras simples, mas carregadas de intenção. Porque sei que a vida vai testar, vai confundir, vai frustrar. E, quando isso acontecer, eles precisarão de um lugar seguro dentro deles, com uma voz clara lembrando a quem pertencem.

As palavras formam valores. É por meio delas que ensino o que é certo e o que é errado, o que pode e o que não pode, o que o mundo valoriza e o que o mundo rejeita. Justiça. Comprometimento. Disciplina. Humildade. Verdade. Controle emocional. Eu falo sobre cada um desses conceitos. Nomeio, dou exemplos, crio contexto. Quero que eles sejam não apenas bons meninos, mas também bons homens. Não se trata de caráter, trata-se de visão. Por isso, quando estou com eles, convido-os a olhar o mundo com os meus olhos. Mostro uma árvore, uma montanha, o jeito como os animais se comportam quando escurece... Aponto, descrevo, exemplifico... E cada pergunta deles vira uma chance de ensinar mais um pouco.

O poder das palavras também está nos livros que lemos juntos. A leitura é parte da nossa rotina. Nesses momentos, eles descobrem histórias, ideias, mundos novos que os fazem pensar além do imediato. Essa é outra forma de expandir a consciência, provocar reflexão e despertar curiosidade.

E há ainda o poder do *feedback*. Aqui em casa, parabenizar não é apenas celebrar o resultado. É reconhecer o esforço. Angela Duckworth, no livro *Garra*, mostra que **valorizar o esforço desenvolve mais persistência do que elogiar apenas o talento.** Li esse livro antes de ser pai, mas já via isso na prática quando cuidava dos filhos dos outros. Por isso, sempre que meus filhos se esforçam, mesmo que não acertem, eu celebro.

"Estou orgulhoso do que você fez."
"Parabéns por tentar."
"Você deu o seu melhor."

Palavras como essas alimentam a resiliência. E preparam para o mundo real, onde nem sempre se vence, mas onde sempre se aprende.

Também uso as palavras para demonstrar amor. Digo que os amo, que tenho orgulho deles, que são maravilhosos. E há uma frase que repito com frequência: "De tudo o que eu faço e sou, o maior privilégio da minha vida é ser o pai de vocês". Eles ouvem e sorriem. Posso vê-los brilhar por dentro. Sei que ali estou deixando marcas que o tempo não apaga.

Por fim, reforço que palavras são direção, correção, afeto e destino. Elas moldam decisões, sustentam vínculos, constroem laços. Um pai que sabe o que diz é um pai que forma, ensina e guia. Cuide das palavras que você diz!

VALORIZAR O ESFORÇO DESENVOLVE MAIS PERSISTÊNCIA DO QUE ELOGIAR APENAS O TALENTO

– Angela Duckworth

Na prática

Escolha uma palavra que você quer que seu filho carregue dentro dele – forte, corajoso, dedicado, amado. Repita essa palavra com frequência olhando nos olhos dele. Faça isso com intenção. Ele vai lhe agradecer no futuro!

4

NÃO SÃO AS RESPOSTAS QUE FORMAM UM HOMEM...

"Uma vida não questionada não merece ser vivida." – **Platão**

Em 2009, o Canal Futura lançou uma peça que marcou uma geração inteira. Era um vídeo curto de trinta segundos que dizia:

> "Até hoje os cientistas discutem como a vida começou, se a orientação sexual é definida pela genética e por que você boceja quando alguém boceja. Os biólogos querem entender como os pássaros migram, e os nutricionistas, se o ovo faz mal à saúde. Como você pode ver, não são as respostas que movem o mundo, são as perguntas."

A frase final é originalmente atribuída a Albert Einstein, e se encaixa perfeitamente no contexto da educação.

A forma como corrigimos nossos filhos revela muito sobre quem somos. Se nos iramos facilmente, seremos vistos como instáveis. Se gritamos para impor autoridade, seremos lembrados como violentos. Se punimos sem explicação, seremos vistos como injustos.

Por outro lado, se olhamos nos olhos, transmitimos firmeza. Se explicamos com calma, mostramos respeito. Se perguntamos em vez de apenas ordenar, ensinamos responsabilidade. E se mantemos a coerência entre o que falamos e o que fazemos, ganhamos credibilidade.

No fim, cada correção é mais do que um ajuste de comportamento. É um espelho do nosso caráter sendo projetado na vida dos nossos filhos.

Aqui em casa, escolhi não levantar a voz. Corrigir com grito ou punição vazia pode até funcionar no curto prazo, mas acaba por minar a confiança e enfraquecer o vínculo. Prefiro ensinar com perguntas.

Quando há um erro, uma briga ou um comportamento que precisa ser ajustado, eu chamo os garotos, olho nos olhos deles e pergunto:

"O que aconteceu?"
"O que você acha que foi errado nisso?"
"Como você se sentiu?"
"Como você gostaria que fosse?"

Essas perguntas abrem espaço para consciência, responsabilidade e reflexão. O processo é sempre o mesmo: primeiro eu escuto, depois faço com que eles pensem, e só então reforço o aprendizado com um acordo. Não sigo em frente até perceber que entenderam. Peço que repitam em voz alta o que é o certo.

Quando há briga entre irmãos, por exemplo, explico com clareza que não é aceitável brigar. Digo o que espero deles. Pergunto se entenderam. Eles dizem que sim. Peço que expliquem. E só paro quando o entendimento está evidente.

Depois disso, proponho:

"O que vamos fazer da próxima vez?"
"Qual é o combinado agora?"

Eles respondem. E só então seguimos com um abraço e a reconciliação. Esse método funciona porque eles participam da construção do entendimento. Não é uma ordem que desce de cima, é uma construção ativa.

O que começa como correção termina como aprendizado. E esse é o objetivo maior da educação.

As perguntas que faço também desenvolvem pensamento crítico. Ensinar a refletir sobre o que fizeram, sobre as consequências, sobre como se sentiram e sobre o impacto nos outros constrói maturidade emocional.

MEUS FILHOS SABEM QUE ERRAR É HUMANO. MAS QUE TODO ERRO PRECISA SER COMPREENDIDO, CORRIGIDO E, SE POSSÍVEL, REPARADO. E ESSE CAMINHO SE PERCORRE COM DIÁLOGO, NÃO COM MEDO.

Perguntar não é sinal de fraqueza, é uma ferramenta de liderança. Um pai que pergunta convida seus filhos a pensar, a decidir melhor, a entender o porquê das coisas. Corrigir não é punir. É orientar. E orientar com perguntas é uma das formas mais corretas de ensinar com profundidade e amor. Porque perguntar é dar dignidade ao filho. É tratá-lo como alguém capaz de pensar, sentir e decidir. E é isso que forma homens de verdade.

Perguntas simples que você pode usar no dia a dia com seus filhos:

- "O que aconteceu?"
- "Como você se sentiu com isso?"
- "Se fosse ao contrário, o que você gostaria que fizessem com você?"
- "O que podemos fazer diferente da próxima vez?"
- "Qual é o nosso combinado agora?"

Cada pergunta é uma porta aberta para a reflexão – e cada reflexão é um tijolo na construção da identidade.

5

PRESENTE X PRESENÇA

"Não viva para que a sua presença seja notada, mas para que a sua falta seja sentida." – **Bob Marley**

Em um antigo vilarejo, vivia um mercador conhecido por trazer da cidade os presentes mais caros para o seu filho: carrinhos de madeira artesanalmente entalhados, roupas de tecidos finos, quitutes com receitas raras... A cada viagem, voltava com algo novo, embrulhado com cuidado, esperando ver o brilho nos olhos do menino.

O filho costumava vibrar com os recebidos, mas sua empolgação parecia diminuir conforme crescia. Depois de um tempo, o mercador reparou que o filho abria os pacotes com pressa e logo os deixava de lado. Voltava a brincar sozinho, sentado à porta de casa, com gravetos e pedras, como se os tesouros não significassem nada.

Um dia, o pai perguntou:

"Filho, por que você não brinca mais com os presentes que eu trago?"

E o menino respondeu, sem levantar os olhos:

"Porque eles me lembram que o senhor logo vai voltar para a estrada."

Naquele instante, o homem compreendeu: o que o filho desejava não era o brinquedo mais caro, mas a presença do pai. Queria o riso compartilhado, o jogo inventado no arraial, a mão firme segurando as suas ao ensinar as tarefas no rancho...

Anos depois, o mercador descobriu que nenhum dos presentes sobreviveu ao tempo. Foram quebrados, esquecidos ou trocados. Só uma coisa permaneceu: as memórias dos dias em que ele decidia ficar.

Essa historinha nos lembra que a presença de um pai ergue pontes que nenhum presente é capaz de construir. E a primeira delas é a ponte da segurança. Quando um filho enxerga o pai ao seu lado nos momentos importantes, algo se firma dentro dele. Um olhar da arquibancada, um grito durante uma competição, um simples aceno ou até um assobio que só os dois reconhecem...

Estar ali, naquela hora, naquele lugar, é mais do que ocupar um espaço físico: é ser um apoio invisível que dá força.

Lembro-me com clareza do que sentia quando entrava na piscina para competir. Eu não procurava o rosto do meu pai, mas esperava a voz dele. Bastava um "Vai, Joel!" para meu corpo se alinhar com a confiança e minha mente entender que eu não estava sozinho. Meu pai estava comigo, e isso bastava.

Lembro-me de uma competição em Araçatuba. Meu irmão mais novo tinha apenas dez anos e ia nadar os "100 metros costas". Antes da prova, meu pai se inclinou até ele e disse algo que nos marcou muito: "Se você ganhar, eu sou seu pai. Se você perder, vou ser ainda mais seu pai. Porque amigo pode estar por perto, mas pai nunca sai de perto".

Meu irmão venceu. No meio do pódio, dos abraços dos amigos e do treinador, ele sabia que havia um abraço diferente à espera: o mais forte, o do nosso pai.

Por isso eu digo: "presença é o melhor presente". Às vezes a gente gasta fortunas com algo bem embrulhado, e a criança larga tudo para brincar com a caixa de papelão. É com ela que monta cabanas, desenha mapas de tesouro, constrói castelos imaginários. Eles não querem o brinquedo, querem o tempo, o toque e a partilha.

Presença é estar disponível com o corpo e com o coração. É deixar seu cheiro na roupa do filho, seu tom de voz nos conselhos, sua marca no jeito como ele reage diante dos desafios. Isso se constrói nos rituais simples do cotidiano: na briguinha no tapete, na guerra de travesseiros, no desenho feito a quatro mãos, na história contada antes de dormir. O que fica não é o que se compra, mas o que se vive.

Quer um exercício prático? Pergunte ao seu filho:

"Qual a memória mais bonita que você tem comigo?"

Prepare-se para a resposta. Ela dificilmente será sobre o presente caro. Será sobre o dia em que vocês jogaram bola na chuva, correram na areia até cansar, ou assistiram juntos ao mesmo filme pela décima vez.

Presença não se limita ao corpo. Ela ecoa na alma. Transforma se em referência emocional, em bússola para os dias de tempestade, em lembrança quente que aquece os invernos da vida. A presença de um pai molda valores, fortalece vínculos, sustenta o autocontrole, impulsiona o desempenho e acende a autoconfiança. Não se trata de estar ao lado em todos os momentos, mas de se fazer presente nos mais propícios.

Na prática

Esteja inteiro nos pequenos momentos. Não espere a grande viagem, o presente raro ou a ocasião especial. O tempo de qualidade nasce no simples: uma conversa antes de dormir, um café da manhã sem pressa, uma caminhada de mãos dadas. Quando você está inteiro – de corpo, de mente e de coração –, até cinco minutos viram eternidade na memória do seu filho.

6

IMPORTA COMPETIR

"Eu odiava cada minuto dos treinos, mas dizia para mim mesmo: não desista! Sofra agora e viva o resto de sua vida como um campeão." – **Muhammad Ali**

Meus filhos vão praticar esporte de competição. Não é desejo, é decisão. Eles ainda não têm idade, mas eu já me preparo para o momento. Não falo apenas de esporte, mas de esporte de competição. A diferença é crucial.

O esporte, por si só, já é benéfico. O esporte de competição, no entanto, é uma **escola à parte**. É nele que o menino aprende a disputar com o maior adversário que terá pela frente em toda a vida: ele mesmo.

No livro *Os quatro compromissos*, Don Miguel Ruiz apresenta quatro princípios de vida baseados na sabedoria tolteca, e um deles é lidar com as crenças e padrões internos que nos limitam. Quando ele diz...

"Ninguém faz mais mal para você do que você mesmo",

...o ponto é que os maiores inimigos não estão fora – estão dentro. São as vozes da autossabotagem, da autocrítica, do medo, da preguiça, da dúvida. Essa é a base da minha convicção. A competição é o ambiente mais propício para uma criança aprender a lidar com isso.

Competir é ter diante dos olhos um alvo nítido: uma meta a cumprir, um tempo a superar, um placar a virar, um pódio a alcançar.

É a arte de lidar com autoridade – aprender a ouvir, respeitar e seguir um treinador que, muitas vezes, estará mais presente que o próprio pai.

É a escola da resistência: acordar cedo, treinar mesmo cansado, suportar a dor, renunciar ao lazer fácil para perseguir algo maior.

Competir também é lição de resiliência: perder hoje e voltar amanhã. Cair, chorar, levantar e seguir.

É persistir com a consciência de que as conquistas não se fabricam em um fim de semana. Exigem tempo. E se for preciso anos, que sejam anos bem vividos.

É despertar o espírito de competitividade – que não deve ser confundido com rivalidade. Competitividade é virtude. É o chamado que acorda talentos, o terreno onde dons se revelam, a ambição saudável que empurra para a frente. Rivalidade sem propósito aprisiona; competitividade construtiva liberta.

No esporte competitivo, aprende-se a perder. A lidar com a frustração do pênalti desperdiçado, da prova anulada, da bola que bate no aro e não cai. Aprende-se a sentir, a chorar, mas também a se recompor.

E, sobretudo, aprende-se a vencer. A sentir o peso da medalha no peito, o brilho do esforço reconhecido, a alegria de ver a própria história escrita em conquistas. Aprende-se que lutar vale a pena. Que a vitória não está no troféu, mas no caráter que se forja ao longo do caminho.

Ensina ainda o valor da equipe. Que há hora de assumir a responsabilidade e hora de passar a bola. Que time se treina, se constrói, se conquista junto. Que família se herda, mas equipe se escolhe.

Benefícios diretos do esporte competitivo para um filho:

- Aprende a competir primeiro consigo mesmo.
- Cria metas claras e aprende a perseguir objetivos concretos.
- Descobre como respeitar e conviver com autoridades além dos pais.
- Desenvolve resistência física e disciplina mental.
- Forja resiliência emocional diante das quedas e frustrações.
- Aprende persistência e a importância da regularidade.
- Enfrenta a derrota de frente e sabe se recompor.
- Experimenta o sabor autêntico da vitória conquistada com esforço.
- Cultiva o espírito de equipe e a cooperação.
- Trabalha o controle emocional mesmo sob pressão.
- Aprende a se organizar com horários e rotinas.
- Fortalece a autoconfiança e a autoestima.
- Canaliza energia – inclusive a hiperatividade – de forma positiva.
- Desenvolve coordenação, foco e memória.
- Desperta talentos que estavam adormecidos.
- Expande o senso de responsabilidade pessoal.

Mesmo que seu filho pratique esporte competitivo dos oito aos dezesseis anos, e depois pare, sem jamais se tornar profissional, serão oito anos de disciplina, rotina e superação. E isso ele levará para a vida.

Até hoje, quando preciso de força, eu me lembro:

"Já enfrentei desafios maiores. É só mais uma prova. Mais uma missão. Mais uma travessia."

É esse sentimento que eu quero que meus filhos carreguem. A certeza de que podem lutar, cair, levantar e seguir em frente. De que dentro deles existe força, coragem e caráter que só se revelam quando são testados.

Eu defendo, pratico e recomendo: matricule seu filho em um esporte de competição. Porque é no treino duro, no jogo disputado, na vitória suada e até na derrota amarga que ele vai descobrir quem realmente é – e quem pode se tornar.

7

ATIVIDADES FUNDAMENTAIS

"Disciplinando-se a fazer o que você sabe que é certo e importante, embora difícil, é a estrada para o orgulho, autoestima e satisfação pessoal." – **Margaret Thatcher**

Aqui em casa, existem quatro práticas que Lalas e eu estabelecemos como parte essencial da formação dos nossos filhos. Não são atividades opcionais, nem escolhas livres, são pilares da nossa educação. Nosso objetivo não é transformá-los em atletas profissionais. Queremos formar caráter, fortalecer a mente e preparar nossos filhos para os desafios da vida.

Essas práticas foram escolhidas porque carregam fundamentos que nenhum outro ambiente ensina com tanta clareza, constância e intensidade. São verdadeiras escolas da vida, capazes de moldar caráter, fortalecer a mente e preparar para os desafios que todo ser humano vai enfrentar. Quais são elas?

1. **Natação.** A primeira escolha, claro, e não aleatória. Natação é sobrevivência, é segurança de vida. Existe uma frase que me toca muito: "Todo homem educado deve saber ler e nadar". É nisso que acredito.

A alfabetização intelectual e a física devem ser trabalhadas juntas. Uma criança que sabe nadar não apenas se protege de acidentes, mas também desenvolve autoconfiança, consciência corporal e resiliência.

Segundo o Ministério da Saúde, o afogamento é uma das principais causas de morte acidental infantil no Brasil – especialmente entre crianças de até quatro anos. Só isso já seria razão suficiente para tornar a natação obrigatória em casa. Mas os benefícios vão além...

Estudos mostram que a natação melhora a coordenação, o equilíbrio, a postura e o sistema cardiorrespiratório, além de fortalecer a musculatura na infância.

E mais: a natação ensina a lidar com o silêncio, com a repetição e com a solidão do treino. Vivi isso na pele. Treinei madrugadas inteiras sem vontade, mas com compromisso. E é isto que eu quero para meus filhos: que aprendam a cumprir o compromisso mesmo quando a vontade não aparece.

2. **Artes marciais.** A arte da força canalizada, da disciplina, do respeito e da hierarquia. Nunca fui praticante dessa modalidade, mas me convenço de que é fundamental. No tatame, há mais filosofia que combate; mais autocontrole que agressividade; mais educação que luta.

Pesquisas confirmam: crianças que praticam artes marciais apresentam menos comportamentos agressivos e mais equilíbrio emocional. Desenvolvem paciência, resiliência, aprendem a perder com dignidade e a vencer com humildade.

A reverência ao mestre, o silêncio antes da luta, o respeito ao adversário ensinam que a verdadeira força não é bater – é dominar a si próprio.

Mesmo que nunca usem um golpe fora do tatame, meus filhos terão um código moral e ético. E isso, no mundo de hoje, é um grande diferencial.

3. **Futebol (ou qualquer esporte coletivo).** Um dos laboratórios sociais mais poderosos que existem! No futebol, você precisa saber sua posição, confiar no outro, liderar e ser liderado, jogar pelo time e não por si mesmo.

Estudos de Harvard mostram que crianças que praticam esportes coletivos desenvolvem mais empatia, melhores habilidades de comunicação e maior capacidade de resolver conflitos.

No futebol, especificamente, você aprende a comemorar o gol do outro, a assumir a falha coletiva, a correr por alguém. Às vezes, sua missão é impedir o gol, não fazer. Às vezes, você não será o protagonista, mas seu esforço fará toda a diferença.

Isso é vida em família, vida em sociedade, vida em coletividade. Quantos adultos você conhece que nunca aprenderam isso?

4. **Xadrez.** O menos físico, mas o mais estratégico. O xadrez ensina que cada movimento tem consequência. Que o impulso precisa ser contido pelo cálculo. Que a pressa pode ser fatal.

Estudos alemães mostram que crianças que jogam xadrez desenvolvem funções executivas essenciais: planejamento, tomada de decisão, controle de impulsos e solução de problemas complexos.

O xadrez ensina paciência. Ensina a perder com classe e a vencer com estratégia. Ensina a pensar três passos à frente. Ensina que algumas peças precisam ser sacrificadas em nome de algo maior.

Imagine isso tudo sendo usado na vida...

Essas atividades não se anulam, mas se completam. Natação fortalece o corpo, artes marciais moldam o caráter, futebol desperta o espírito coletivo, xadrez educa a mente. Os quatro promovem uma formação integral.

Se alguém me perguntar

"Mas e se eles não quiserem?", responderei:

"A escolha não é sobre o esporte.

É sobre os valores que queremos deixar.

Disciplina. Coragem. Controle. Estratégia. Cooperação. Esforço.

Esses pilares não se negociam".

Quando tiverem mais idade, poderão tomar decisões e escolher com autonomia. Mas, por ora, somos nós que os conduzimos ao caminho que acreditamos ser o melhor para formar seu caráter. Porque educar não é dar tudo que eles querem – é dar o que precisam para se tornarem fortes, íntegros e preparados para a vida.

Para refletir

Quais esportes, atividades ou experiências você gostaria que seus filhos associassem a você? Quais momentos eles lembrarão no futuro como símbolos da sua presença? Pense em práticas que fortaleçam não apenas o corpo, mas também a mente e o vínculo emocional entre vocês.

8

PORRADA NO CHÃO DA SALA

"Ser profundamente amado por alguém nos dá força; amar alguém profundamente nos dá coragem." **– Lao-Tsé**

Não se assuste com o título deste capítulo. Aqui, "porrada" não tem nada a ver com violência, mas com treino, risadas e vínculo afetivo. Você já vai entender melhor. Antes, deixe-me mostrar o que a ciência descobriu sobre brincadeiras de luta entre pais e filhos...

Um estudo publicado na *National Library of Medicine,* intitulado "Rough-and-Tumble Play and the Regulation of Aggression", analisou justamente as chamadas *brincadeiras de luta leve e controlada* entre pais e filhos. O resultado foi revelador: quando o pai conduz a atividade de forma firme, mas sem agressividade, a criança desenvolve maior autocontrole, reduz comportamentos agressivos e aprende, na prática, a reconhecer e respeitar limites sociais.

Outro trabalho, publicado pelo *National Institutes of Health*, confirmou que filhos que participam regularmente de brincadeiras intensas com os pais são mais capazes de regular impulsos, lidar com frustrações e identificar emoções. O segredo? O pai precisa conduzir a brincadeira com afeto e clareza.

Por fim, uma meta-análise de mais de trinta estudos com 1.500 duplas de pai com filho mostrou que essa prática não só fortalece o vínculo, mas também aumenta a confiança, melhora a resiliência, reduz sintomas de ansiedade e até melhora o sono das crianças.

Tudo começou de forma intuitiva, como uma despretensiosa brincadeira de empurra-empurra no chão da sala, mas, quando mergulhei em estudos como esses acima, percebi que aquilo poderia se transformar numa ferramenta poderosa de educação emocional. Então, nossas "briguinhas de tapete" se tornaram um verdadeiro ritual, uma atividade segura em que meus filhos aprendem, enquanto brincam, a lidar com pressão, frustração e limites.

Atualmente, pelo menos três vezes por semana, deito no chão da sala e deixo os três virem para cima de mim. As regras são claras: nada de mão no rosto, nada de gritos, e, se alguém pedir para parar, todos param.

Na arena improvisada, eu me coloco como obstáculo. Eles tentam me empurrar, derrubar, escapar. Eu resisto, pressiono levemente e ensino: respirem fundo, procurem a brecha, usem estratégia. É assim que aprendem, no corpo e na mente, a manter a calma sob pressão.

Quero que meus filhos saibam o que fazer quando estiverem no chão – na brincadeira, e na vida. Que entendam que nervosismo não ajuda; que respirar abre espaço; que, diante de alguém mais forte, inteligência e persistência podem ser mais poderosas que a força bruta.

E, no meio disso tudo, algo precioso acontece: nossa conexão se fortalece. Eles riem, se desafiam, se superam. Eu vejo os músculos se desenvolvendo, mas vejo também o coração deles se expandindo.

Daniel Paquette, pesquisador e professor da Universidade de Montreal, é referência mundial em psicologia do desenvolvimento, especialmente no estudo da paternidade. Foi ele quem propôs a teoria da "paternidade ativadora", segundo a qual o pai exerce um papel único no desenvolvimento infantil: encorajando a exploração, a independência e a coragem, ajudando os filhos a desenvolverem competências sociais e emocionais.

Em um artigo científico de destaque – *Teorizando a relação pai-filho: mecanismos e resultados do desenvolvimento* (2004) –, Paquette apresenta descobertas que mostram como as contribuições da mãe e do pai se complementam e se diferenciam.

Enquanto a mãe, em geral, é associada à *relação de apego* – oferecendo consolo e segurança nos momentos de estresse –, o pai tende a cultivar a *relação de ativação*, especialmente por meio do jogo físico. Isso inclui brincadeiras típicas como jogar a criança para o alto e segurar, girar pelos braços, dar cavalinho, fazer guerra de travesseiros e, claro, a famosa "lutinha no tapete". Essas interações não são apenas diversão: são verdadeiros treinos de vida que desenvolvem obediência, capacidade de competição saudável, coragem e resiliência.

O especialista explica:

> "A comparação das interações mãe-filho e pai-filho sugere que os pais desempenham um papel particularmente importante no desenvolvimento da abertura das crianças ao mundo. Os homens parecem ter uma tendência a estimular, surpreender e desestabilizar momentaneamente as crianças. Eles também tendem a encorajá-las a correr riscos ao mesmo tempo que garantem sua segurança e proteção, permitindo que aprendam a ser mais corajosas em situações desconhecidas, bem como a se defender."

Uma ressalva essencial é feita por ele:

"TUDO ISSO SÓ FUNCIONA QUANDO EXISTE UM VÍNCULO AFETIVO SÓLIDO ENTRE PAI E FILHO."

Portanto, é o afeto que transforma a "lutinha" em aprendizado e a brincadeira em crescimento. Lute com seus filhos!

Na prática

Para tornar essas brincadeiras ainda mais lúdicas, use a imaginação: transforme-se no monstro que invade a casa e desafia os pequenos heróis, que precisam usar força, coragem e estratégia para salvar o mundo (ou, pelo menos, a sala). Dê vozes diferentes, invente missões, crie desafios como capturar um "tesouro" escondido ou defender o "castelo" (o sofá). Assim, a lutinha deixa de ser só exercício físico e vira uma aventura completa – em que a casa se converte em cenário, a fantasia corre solta, e o vínculo entre pai e filhos se fortalece em risadas e histórias que ficam para sempre.

9

SEJAM FORTES!

"Sem a coragem e a agressividade dos homens e a dedicação obstinada à resolução de problemas, ainda estaríamos em cavernas... se sobrevivêssemos!" – **Autor desconhecido**

Não é preciso ser especialista para perceber que vivemos hoje uma crise de masculinidade. Ao longo das últimas décadas, a figura do homem vem sendo alvo de muitos ataques, distorções e ridicularizações promovidas por diferentes grupos e instituições. Reconheço que muitas críticas têm fundamento, já que o machismo deixou, e ainda deixa, feridas profundas em nossa sociedade. Mas, junto da justa luta contra um mal real, nasceu um efeito colateral perigoso: a rejeição não apenas dos vícios, mas também das virtudes próprias do masculino.

O resultado é uma geração de homens perdidos entre três modelos: o da "masculinidade sadia", que forma líderes de caráter e coragem – como o pai que trabalha duro, educa os filhos com firmeza e amor e assume responsabilidades sem fugir delas; o da "masculinidade distorcida", que confunde força com abuso e poder com opressão – como o homem que usa sua posição para humilhar, controlar ou violentar; e o da chamada "masculinidade desconstruída", que, em nome da revolução, amputou a força, o vigor e a responsabilidade que sempre fizeram parte do ser homem – como o *jovem descolado* que rejeita qualquer traço de virilidade e, por isso, não consegue sustentar nem sequer a si mesmo.

Baseando-nos no primeiro modelo, podemos afirmar que a força física masculina é extremamente necessária. O que seria de nós sem os homens que carregaram pedra, ergueram aço e moldaram concreto para que cidades inteiras existissem? Ignorar o valor do vigor e da virilidade é esquecer que grande parte daquilo que chamamos de civilização foi erguida com mãos calejadas. E, ainda hoje, isso continua necessário – não apenas para erguer prédios, mas também para erguer filhos, famílias e futuros.

Claro, é preciso reconhecer que a força, por si só, não é suficiente. Se não estiver submetida a valores mais elevados, ela se perde, se corrompe, se volta contra aquilo que deveria proteger. É na ausência de valores que tudo descamba ou para o lado da "masculinidade distorcida" ou da "masculinidade desconstruída".

O Dr. Jordan Peterson escreveu:

"UM HOMEM INOFENSIVO NÃO É UM HOMEM BOM. UM HOMEM BOM É UM HOMEM MUITO PERIGOSO QUE TEM ISSO SOB CONTROLE VOLUNTÁRIO."

Essa citação revela uma verdade esquecida em nosso tempo: não é a ausência de força que torna alguém virtuoso, mas a capacidade de ter potência e escolher não usá-la para o mal. Um homem fraco não ameaça, mas também não protege, não estabelece limites, não constrói nada sólido. Já o homem forte, perigoso e, ao mesmo tempo, disciplinado é capaz de sustentar, proteger e direcionar.

Falhamos nisso porque nos faltam bons exemplos. E, como diz o ditado:

"A palavra convence; o exemplo arrasta".

Outro dia, o Joca me entregou um tratorzinho quebrado e expressou:

"Pai, você consegue consertar. Você é forte!"

Perguntei como ele sabia, e ele respondeu como se fosse óbvio:

"Porque você treina todo dia!"

A frase me impactou de forma inesperada. Não era um mero elogio, mas um reconhecimento. Como expliquei no meu outro livro, *Não é milagre!*, meus treinos fazem parte da *rotina energética*.[2] São tão naturalmente repetidos que acabo esquecendo que essa disciplina é um exemplo concreto. Os moleques me veem todos os dias treinando na academia de casa. Reparam no suor que escorre pela camisa, nos halteres largados pelo chão, nas anilhas que sobem e descem em cada repetição… E o mais legal é que não ficam apenas como espectadores: eles entram no jogo. Fazem flexões ao meu lado, disputam corridas

2. Rotina energética é um conjunto de práticas matinais intencionais – como hidratação, exercícios físicos, respiração, silêncio e alimentação consciente – que têm como objetivo ativar o corpo e a mente logo ao despertar, criando a base fisiológica e mental para alta performance durante o dia.

pelo corredor, penduram-se nos meus braços, inventam brincadeiras de força. Para eles, esse ritual não é mais exercício, é linguagem.

Essa linguagem comunica muito mais do que apenas levantar peso. Ela ensina esforço, constância, paciência, disciplina. Mostra que os músculos não surgem por acaso, mas respondem ao trabalho. Que crescimento exige tempo. Que o corpo pode ser treinado para resistir e avançar. Eles percebem que, se treinarem, vão melhorar. Se não desistirem, vão vencer. Se caírem, vão levantar.

Desde que comecei a treinar para o *Ironman*,[3] em 2020, essa consciência ficou ainda mais forte. O João, meu filho mais velho, passou a me ver diariamente no rolo da bicicleta, na esteira e no funcional. Precisou crescer vendo o que é uma rotina de preparação e persistência. Hoje todos três seguem esse caminho à maneira deles, com a idade que têm. E o melhor: se divertem muito nesse processo.

Claro que, como já destaquei, a força vai muito além do físico. Ela é, sobretudo, uma questão interna, de caráter. É aprender a lidar com o incômodo, com a frustração e com a dor. É quando o músculo falha e você tenta mais uma vez. Quando a perna treme e, ainda assim, você insiste. Quando o chão parece mais confortável, e você ainda assim se levanta.

Durante os treinos ou brincadeiras, toco as pernas dos pequenos e digo:

"Está vendo esse músculo aqui? É a panturrilha.
Quando você corre, ela trabalha".

---

3. Triatlo de resistência criado em 1978, no Havaí, considerado uma das provas mais desafiadoras do mundo. A competição envolve 3,8 quilômetros de natação em mar aberto, 180 quilômetros de ciclismo e 42,2 quilômetros de corrida (uma maratona completa), realizados em sequência e sem pausas. Mais do que um esporte, tornou-se símbolo de superação física e mental.

Então peço que flexionem e sintam a contração. Explico que, quando comem bem, a comida vira energia para os braços, para as pernas, para o coração. E eles já repetem, convictos:

"Estou mais saudável porque comi bem",
"Fiquei rápido porque treinei hoje",
"Estou mais forte porque não parei".

Essa associação simples de "esforço x resultado" é o coração da educação que quero dar a eles.

Eu acredito que todo pai deva ser forte, ou, pelo menos, ativo fisicamente. Não apenas pela saúde, mas porque o preparo se torna um modelo visível de disciplina, esforço e autocuidado, lançando luz sobre a "masculinidade sadia". Quando os filhos veem o pai treinando, entendem que o corpo precisa ser honrado, que a força se constrói, que é possível ser melhor, que vale a pena se cuidar.

Lembro sempre do lema olímpico de Pierre de Coubertin: *Citius, Altius, Fortius* – "Mais rápido, mais alto, mais forte". Não se trata de competir com os outros, mas de superar a si mesmo.

Para relembrar

Em tempos de confusão e fraqueza, ser forte não é apenas uma opção – é um dever. Um pai que não assume sua força, interna e externa, deixa de ser referência. E sem referência, seus filhos procurarão no mundo aquilo que deveriam ter encontrado em casa.

10

STORGE

"O amor não é um sentimento afetuoso, mas um desejo constante pelo bem supremo da pessoa amada tanto quanto pode ser obtido." **– C. S. Lewis**

Até aqui falamos sobre valores, exemplos, atividades, brincadeiras, diálogos, correções e pequenas ações do dia a dia que fortalecem o vínculo entre pai e filho. Cada detalhe foi mostrado como oportunidade de ensinar algo maior. Mas por trás de todas essas práticas existe um fundamento que sustenta tudo: o papel do pai.

A escolha do título deste livro não foi aleatória. Eu realmente creio que "Pai não é amigo". Nunca tive dúvidas sobre o meu lugar na vida dos meus filhos, muito porque aprendi isso com o exemplo do meu próprio pai. Seguindo a tradição, sustento que meus garotos não precisam de um "parça"... Eles precisam de um pilar, de um referencial sólido, de alguém que os guie com firmeza e afeto. Amigos da idade deles terão muitos. Mas eu serei único, porque pai é um só. Só eu posso oferecer o que eles mais necessitam: chão seguro para caminhar e teto firme para crescer.

Essa *consciência* me acompanha em cada decisão. Começa pela correção e termina na acolhida. Digo "não" quando é preciso, sem medo de frustrar. Estabeleço limites, mesmo que doa mais em mim do que neles. Exijo respeito, mas também ofereço respeito.

Não permito que façam algo de que eu vá me envergonhar no futuro. Em *12 regras para a vida,* Jordan Peterson escreveu: "Não deixe que seus filhos façam algo que o faça deixar de gostar deles". Essa ideia me marcou profundamente. Desde então, cada atitude minha carrega uma intenção: formar seres humanos que serão amados, respeitados e admirados. Por mim, por si mesmos, pelas pessoas ao redor.

Às vezes, recordo-me do meu pai, o vovô Joel – hoje nosso "vovô estrelinha". Vejo-o jogando bola comigo, ensinando, corrigindo, observando em silêncio. Essas lembranças são como uma ponte entre gerações: provam que a estrutura paterna que carrego não nasceu de mim, mas é herança viva, que agora entrego aos meus filhos.

Ser pai é ocupar um lugar ímpar. É ser âncora e bússola. É firmeza com afeto. É direção com amor. É ser porto seguro e ponto de partida. E é exatamente isso que quero que meus filhos encontrem quando olharem para mim.

"Mas Joel, eu entendi o raciocínio, mas por que não posso fazer tudo isso e ainda assim ser amigo do meu filho?"

Vamos à explicação...

Na nossa vida, o amor se expressa de maneiras diferentes. Na verdade, segundo C. S. Lewis, existem quatro amores[4]:

4. *Os quatro amores*. Nessa obra, C. S. Lewis aprofunda como cada forma de amor se manifesta e quais são seus limites e riquezas, oferecendo um olhar cristão e filosófico sobre o tema.

1. *eros,* voltado para o desejo e a paixão, normalmente direcionado ao casal;
2. *philia*, o amor da amizade, que damos aos amigos e companheiros de jornada;
3. *storge*, o amor familiar, o cuidado que oferecemos aos filhos e aos pais;
4. *ágape*, que é o amor incondicional, aquele que se doa sem medida, muitas vezes vivido na fé e na entrega ao próximo.

O problema é que, em nossa cultura, confundimos esses amores. Muitos pais querem transformar a relação com seus filhos em *philia* – amizade –, quando na verdade o amor que deve orientar é o *storge*, fortalecido pelo ágape. Amigo é quem caminha ao seu lado e, em certa medida, está no mesmo nível. Pai, não. O pai olha de cima não por superioridade, mas por responsabilidade. É ele quem enxerga adiante, quem sustenta, quem conduz.

Se um pai reduz sua relação ao amor de amizade, enfraquece o amor familiar. O filho não precisa de um colega de confidências na adolescência – ele precisa de direção. Não precisa de alguém para apenas concordar, mas de alguém que diga:

"Esse é o caminho certo, mesmo que você não reconheça agora"

O *storge* protege, corrige, estabelece raízes. O ágape dá o tom: mesmo que doa, mesmo que canse, mesmo que o outro não entenda, eu continuo presente e me sacrifico por ele. É por isso que paternidade não é amizade.

Não se trata de frieza, distância ou dureza gratuita. Significa ordem antes de cumplicidade; direção antes de companhia; fundamento antes de conversa. A amizade é um fruto maduro dessa relação – ela nasce mais tarde, quando a árvore já tem raiz e tronco. Se eu inverto a ordem, ganho um "chapa" hoje e perco um homem amanhã.

Um pai deve educar olhando para a frente. Cada "sim" e cada "não" miram o adulto que o filho será, não a popularidade que tem hoje. Eu me pergunto:

"Que marido, que esposa, que pai, que mãe, que cidadão estou ajudando a formar? Alguém que aguenta pressão? Que cumpre os compromissos? Que honra a palavra? Que sustenta uma casa?"

Há quem confunda amor com permissividade. Amar não é aliviar todo peso; é dar músculo para carregá-lo. Amar não é varrer consequências; é acompanhar enquanto elas ensinam. Amar não é pavimentar o atalho; é caminhar junto pela estrada certa.

Ser pai é um chamado inegociável à responsabilidade. Não posso terceirizar a missão de criação dos meus filhos à escola, à igreja ou à internet. Eu sou o adulto na sala. No fim, é a minha assinatura que estará no diploma de formação deles.

Exercício prático: O papel que só você pode ocupar

Pegue um papel e uma caneta. Respire fundo e dê-se alguns minutos de silêncio. O objetivo não é escrever bonito, mas escrever verdadeiro.

1. **Primeiro, anote o que você já faz bem como pai.** Pense nos momentos em que foi firme, nos gestos de afeto que ofereceu, nas tradições que está criando em casa. Reconheça as atitudes que já são sementes boas no coração dos seus filhos. Nomeie cada uma delas. Isso reforça sua consciência e mostra o terreno que já está cultivado.
2. **Agora, escreva os pontos que você precisa melhorar.** Talvez seja paciência, talvez seja constância, talvez seja passar mais tempo presente, ou ter mais clareza ao corrigir. Não fuja da verdade. Liste aquilo que, se fosse corrigido hoje, faria diferença imediata na vida deles.
3. **Por fim, trace dois compromissos.** Um de manutenção – algo que você já faz bem e quer continuar firme. Outro, de transformação – um ponto fraco que você decide encarar e começar a mudar a partir de agora.

Esse exercício simples funciona como um espelho. Ele mostra não só quem você tem sido, mas também quem você pode se tornar. Lembre-se: pai não é amigo. Pai é referência. E uma referência só se constrói quando existe clareza sobre o que manter e coragem para corrigir o que precisa ser mudado.

Para fixar

O vínculo entre pai e filho nasce do *storge*, o amor familiar. É ele que sustenta, corrige, acolhe e ensina. Diferentemente da amizade (*philia*), que coloca lado a lado, o *storge* estabelece raízes e direção. É esse amor que dá chão seguro e molda o caráter, preparando os filhos para a vida.

11

100% MÃE

"O amor de mãe por seu filho é diferente de qualquer outra coisa no mundo. Ele não obedece a lei ou a piedade. Ele ousa todas as coisas e extermina sem remorso tudo o que ficar em seu caminho." **– Agatha Christie**

Você já reparou que muitas pessoas adultas chamam pela mãe quando enfrentam algum perigo? Se o carro derrapa, o avião sacode ou a queda num precipício parece inevitável, quase sem pensar, a expressão que escapa é: "Mãe!".

Esse reflexo revela algo essencial: a mãe é, para cada um de nós, a primeira experiência de segurança. Foi em seus braços que encontramos abrigo contra o medo, na sua voz que aprendemos a confiar e no seu toque que descobrimos que não estávamos sozinhos. Essas memórias ficam inscritas no corpo e na alma, prontas para emergir sempre que o perigo se aproxima.

É por isso que, diante do caos, não recorremos a raciocínios elaborados nem a discursos de coragem. Voltamos ao primeiro porto seguro que conhecemos. E, por mais que a vida nos amadureça, uma parte de nós sempre será aquela criança correndo de olhos marejados para o colo que sabia transformar pavor em calma.

Quando um dos meus filhos se machuca, tropeça ou leva um susto, a reação é a mesma. Não há cálculo, não há dúvida. Eles não olham em volta, não medem distância, não avaliam quem já estendeu os braços. Gritam pela mãe e correm, lançando-se no colo que reconhecem como refúgio desde os primeiros dias de vida.

Aprendi a olhar para isso com humildade e admiração. Não é exclusão, mas sabedoria instintiva. Existe uma força silenciosa na presença materna que nenhum pai, por mais dedicado que seja, consegue reproduzir. Não por falta de amor ou empenho, mas porque o corpo da mãe carrega registros afetivos que começaram a ser tecidos antes mesmo do nascimento. Há conforto em seu abraço, tom inconfundível em sua voz, cadência única em sua forma de consolar. Tudo comunica segurança.

Depois que as lágrimas cessam e o coração desacelera, aí, sim, eu entro em cena. Reforço que está tudo bem, explico o que aconteceu, mostro que cair faz parte, e que levantar é necessário.

A ciência tem explicação para isso. Pesquisas da professora Ruth Feldman, da Universidade Bar-Ilan, revelaram que o toque materno consistente nos primeiros anos de vida eleva os níveis de ocitocina, hormônio que regula o afeto, a empatia e o vínculo. Por isso, o colo da mãe, em momentos de dor ou susto, funciona como um antídoto imediato contra o medo. Ou seja, o corpo da mãe acalma sem precisar de palavras. O coração da criança desacelera, a tensão se dissolve, a respiração volta ao ritmo natural. Isso acontece porque o sistema nervoso infantil, ainda imaturo, se regula pela conexão com alguém absolutamente confiável – e, quase sempre, essa pessoa é a mãe.

Outra habilidade materna é a leitura instintiva do que o filho sente, mesmo quando ele não sabe expressar. É impressionante como a Lalas, apenas pelo olhar, percebe se um deles está frustrado, cansado ou simplesmente com fome. Existe uma sintonia fina, que não se ensina, mas que nasce do cuidado, da convivência e do instinto. E há ainda o poder do acolhimento sem pressa, sem exigir solução imediata.

MUITAS VEZES, OS FILHOS NÃO QUEREM RESPOSTAS, MAS A PRESENÇA. QUEREM APENAS ESTAR PERTO, SENTIR O TOQUE E O CHEIRO FAMILIAR. O AMOR DA MÃE SABE ESPERAR. SABE SE AJOELHAR NO CHÃO E SIMPLESMENTE ESTAR ALI, ATÉ QUE O MUNDO VOLTE AO EIXO.

Sei que muitos pais que leem este livro estão criando seus filhos sem a presença da mãe. A esses homens, quero dizer: não é possível ocupar o lugar da mãe. Mas é possível ter presença ativa, escuta genuína e gestos consistentes de amor e proteção. O afeto não depende de gênero, mas de intenção, entrega e constância. E, quando o pai está disponível, torna-se ele o círculo invisível de segurança.

Quando digo que há momentos que são 100% da mãe, não diminuo a importância do pai. Reconheço que existem territórios afetivos que não são nossos para disputar, mas para valorizar. Saber o nosso lugar – inclusive quando ele é o segundo da fila – também é um ato de amor.

Ciência do Vínculo

Um estudo de Ruth Feldman e colaboradores investigou, com uso de fMRI, as diferenças nas respostas cerebrais de mães e pais ao verem vídeos de seus próprios bebês. Os resultados indicaram que as mães apresentam ativação maior na amígdala (ligada à empatia e ao vínculo afetivo), enquanto os pais mostram maior ativação em regiões corticais, relacionadas à cognição social e ao planejamento – como o córtex pré-frontal.

12

HONRA AOS MESTRES

"Educação é aquilo que a maior parte das pessoas recebe, muitos transmitem e poucos têm." – **Karl Kraus**

No Japão, o professor ocupa um lugar de altíssimo respeito. É chamado de *sensei*, que quer dizer mestre, um título que carrega deferência e honra. A profissão é vista como prestigiada, e não por acaso: tornar-se educador exige dedicação intensa e um processo seletivo rigoroso, especialmente nas escolas públicas. Na Terra do Sol Nascente, ensinar não é apenas carreira, mas missão reconhecida por toda a sociedade.

Esse exemplo sempre me faz refletir, porque, de certa forma, é exatamente essa reverência que tento cultivar dentro da minha casa. Meus filhos precisam ver, nas minhas atitudes, que o professor não é apenas mais um adulto qualquer, mas alguém digno de consideração, respeito e gratidão.

Minha trajetória começou dentro de uma sala de aula e seguiu por muitos anos à beira de uma piscina. Como relatei no início, fui educador universitário, técnico esportivo e treinador de equipes de alto rendimento. Por isso, sei o peso da palavra "professor". Sei o quanto um simples gesto de reconhecimento pode sustentar um dia inteiro de trabalho.

É por essa consciência que, mesmo hoje, como pai, não deixo de honrar quem está em posição de ensinar. Sempre que cruzo com alguém da escola ou do clube, trato como professor. Coordenadora, diretora, auxiliar – não importa o cargo administrativo. Para mim, são todos educadores. Porque ensinar não é apenas função; é missão.

Quando trato os educadores dessa forma, não faço por formalidade – faço por convicção. E deixo claro que a mesma honra que o Japão dá a um *sensei*, eu espero que eles aprendam a oferecer a todos que se dedicam a ensiná-los.

Quando chego a uma reunião ou atividade escolar, faço questão de demonstrar que existe uma liderança no ambiente – e essa liderança não sou eu. Cumprimento com cordialidade, espero o tempo certo para falar e, sobretudo, nunca interrompo o andamento de um momento pedagógico. Já estive do outro lado e sei o quanto uma interrupção pode quebrar a comunicação entre o professor e os alunos.

Lembro-me bem da época em que treinava jovens atletas. Pais interrompiam séries de natação para dar recados ou chamavam os filhos no meio da piscina. Nesses momentos, eu precisava explicar que aquele espaço era de disciplina, progresso e construção. Costumava fazer uma comparação simples: imagine um arquiteto interrompido na hora de apresentar um projeto; um advogado distraído no meio de uma cláusula delicada; um cirurgião interrompido no centro cirúrgico por uma conversa que poderia esperar. O que eu pedia era o mesmo: respeito pelo processo formativo em andamento.

Há algo que não se escreve nos currículos, mas que todos percebem: o amor que muitos professores têm por seus alunos. Quando vejo um educador tratando meu filho com o mesmo carinho com que eu tratava os filhos de outros, o mínimo que posso fazer é reconhecer.

Porque ensinar exige entrega emocional. E essa entrega floresce quando encontra reciprocidade.

Ensinar não é apenas transmitir conteúdo. É influenciar, inspirar, provocar crescimento. É estar na linha de frente de uma geração que ainda está aprendendo a lidar com o mundo.

Por isso, quando participo de uma reunião, competição ou apresentação, faço questão de olhar nos olhos do professor, chamar pelo título, agradecer e demonstrar confiança. Não como formalidade, mas como exemplo vivo para os meus filhos. E eles percebem. Sabem que quando o professor fala, o pai escuta. Sabem que existe uma ordem, uma hierarquia, um respeito. É com esses gestos que aprendem o valor da disciplina, da reverência e da humildade em reconhecer quem veio antes.

Não acredito em criar filhos que se sentem acima do ambiente. Acredito em formar filhos que sabem aprender com cada mestre que encontram no caminho. E é por isso que, em qualquer espaço formativo, a autoridade principal será sempre o professor.

PORQUE FOI ASSIM COMIGO.
PORQUE FOI ASSIM COM MEU PAI.
PORQUE SERÁ ASSIM COM ELES.

ENSINAR NÃO É APENAS
TRANSMITIR CONTEÚDO.
É INFLUENCIAR, INSPIRAR,
PROVOCAR CRESCIMENTO.
É ESTAR NA LINHA DE FRENTE
DE UMA GERAÇÃO QUE
AINDA ESTÁ APRENDENDO
A LIDAR COM O MUNDO.

Por trás de todo grande campeão há um bom mestre

Bruce Lee, considerado um dos maiores artistas marciais de todos os tempos, não surgiu do nada. Antes de se tornar ícone mundial, ele foi profundamente influenciado por seu mestre, Ip Man, grande nome do *Wing Chun*.[5] Foi sob a orientação de Ip que Bruce aprendeu não apenas técnicas de luta, mas também disciplina, humildade e a filosofia que moldaria sua visão sobre as artes marciais. Lee costumava dizer que não se tratava apenas de socos e chutes, mas de formar o caráter e entender a vida por meio do treino.

Em geral, é assim no esporte: grandes atletas são lembrados pelos títulos, mas quem os formou conhece de perto o esforço, as quedas e a reconstrução. No vôlei, Bernardinho foi mais do que treinador: foi o arquiteto de uma geração que marcou a história. No futebol, mestres como Mário Jorge Lobo Zagallo e Luiz Felipe Scolari escreveram páginas eternas não apenas com vitórias, mas também com a capacidade de formar equipes unidas e resilientes. Na natação, Michael Phelps alcançou o impossível graças à parceria com Bob Bowman, seu treinador desde a infância, que transformou talento em disciplina quase sobre-humana. No tênis, Rafael Nadal só se tornou o gladiador das quadras porque foi moldado desde pequeno pelo tio e treinador, Toni Nadal, que incutiu nele valores de esforço, paciência e humildade.

5. Sistema de kung fu de defesa pessoal originário do sul da China, focado em movimentos curtos e eficientes para combates de curta distância.

Esses exemplos mostram uma verdade incontornável:

POR TRÁS DE CADA CAMPEÃO, SEMPRE EXISTE UM MESTRE QUE ACREDITOU ANTES, CORRIGIU COM RIGOR E SUSTENTOU O CAMINHO ATÉ A GRANDEZA.

Para relembrar

O respeito ao professor é um dos maiores legados que você pode transmitir aos seus filhos. Mais do que formalidade, é um exemplo de gratidão e disciplina. Quando uma criança vê o pai honrar quem ensina, aprende que ninguém cresce sozinho – sempre há um mestre por trás de cada conquista.

13

CORRIGIR É ENSINAR

"Não são as ervas más que afogam a boa semente, e sim a negligência do lavrador." – **Confúcio**

Entendo que corrigir um filho não é apenas apontar o erro, e sim conduzi-lo ao entendimento – e entendimento só acontece quando existe consciência. Por isso, desenvolvi uma forma de correção que não é punitiva nem permissiva, mas educativa. Meu método é simples: faço uma pergunta fechada, dou uma ação diretiva e concluo com uma verificação objetiva.

Todo esse processo é direto, firme e respeitoso.

"Mas como isso funciona na prática, Joel?"

Bem, quando algum dos meus filhos age de forma inadequada – toma o brinquedo do irmão, grita com a mãe ou desobedece a uma regra –, a primeira coisa que faço é me abaixar, olhar nos olhos e perguntar com calma:

"João, o que você fez foi certo ou errado?"

A pergunta é binária e admite apenas duas respostas: ou é certo, ou é errado. Não há espaço para relativizar. Eles são crianças e precisam de limites nítidos. A resposta, quase sempre, vem: "Errado". Nesse momento, já houve uma pequena vitória – ele reconheceu.

Depois da pergunta, a orientação:

"Então, a partir de agora, você não vai mais fazer isso. Quando acontecer de novo, você vai agir assim."

Sou direto. Mostro o que espero. Explico as consequências, positivas e negativas. Quando necessário, aviso sobre a perda de algum privilégio. Não como castigo, mas como consequência. O privilégio é algo conquistado, não um direito automático – e eles precisam aprender isso desde cedo.

Por fim, confirmo se a mensagem foi absorvida:

"Você entendeu, filho?"

Não aceito um aceno mecânico. Peço para repetir.

"O que foi que a gente combinou?"

A repetição sedimenta a compreensão. Quando o filho é capaz de verbalizar o que aprendeu, é sinal de que a lição entrou.

"A gente combinou que não posso pegar o brinquedo do Pedro sem pedir, porque isso é falta de respeito, e eu posso perder meu privilégio de escolher o brinquedo do dia."

Pronto. Ele entendeu. Temos um acordo, selado com um aperto de mão – firme, olho no olho, como ensino a fazer com qualquer pessoa no mundo. Esse gesto reforça a correção e fortalece a identidade do homem em formação. Porque homens fazem acordos, cumprem a palavra, respeitam regras e assumem responsabilidade.

CORRIGIR DESSE MODO EXIGE PACIÊNCIA, MAS PRODUZ ALGO MUITO MAIOR QUE OBEDIÊNCIA: GERA COMPREENSÃO. FORMA CARÁTER, PRESERVA O VÍNCULO E MOSTRA AO FILHO, COM CLAREZA, O QUE É CORRETO.

Ensinar com amor não significa evitar o confronto. Significa saber como conduzi-lo. E toda vez que aplico esse processo formado por "pergunta, ação, verificação", vejo o resultado. Meus filhos aprendem, se sentem respeitados, corrigem o comportamento e seguem em frente com dignidade.

Esta é a minha forma de corrigir: olho no olho, clareza nas palavras e firmeza no tom. Porque ser pai não é ser amigo, mas referencial. Entenda como referencial ser aquele ponto fixo que dá direção, o eixo que orienta nos momentos de dúvida, a bússola que aponta para o norte quando tudo parece confuso.

Na prática

Corrigir não precisa de grito nem punição. Com três passos simples, você consegue transformar o erro em aprendizado e o confronto em vínculo:

1. **Pergunta**
   Olhe nos olhos do seu filho e pergunte de forma simples e fechada: *"O que você fez foi certo ou errado?"*
   Essa pergunta obriga a criança a reconhecer o erro.

2. **Ação**
   Dê a orientação com clareza: *"Da próxima vez, gostaria que você agisse assim…"*
   Explique o porquê e, se necessário, mostre a consequência (não como castigo, mas como resultado natural).

3. **Verificação**
   Confirme se a mensagem foi absorvida: *"O que foi que a gente combinou?"*
   Peça para repetir com as próprias palavras. Só então feche o acordo.

Dica final: selar com um aperto de mão ou abraço torna o compromisso concreto e reforça a confiança entre pai e filho.

14

LIDANDO COM A FRUSTRAÇÃO

"A frustração, embora seja bastante dolorosa às vezes, é uma parte muito positiva e essencial do sucesso." – **Bo Bennett**

Você já parou para pensar que muitos dos problemas que afligem os adultos vêm da dificuldade de lidar com a frustração? Expectativas irreais, promessas não cumpridas, sonhos inflados sem raiz no chão... e quando a vida não corresponde ao que imaginaram, muitos reagem como crianças grandes: se irritam, desistem rápido, ou culpam os outros.

Há quem se perca em ressentimento, há quem viva refém da imaturidade emocional, incapaz de enfrentar contratempos com serenidade.

É por isso que é importante incluir na educação dos filhos algo essencial: ensiná-los, desde cedo, a encarar a frustração com firmeza, dignidade e aprendizado. Desejamos que eles cresçam entendendo que cair faz parte, que nem tudo sai como planejado, que a vida exige paciência e resiliência.

Nossa intenção é evitar que se tornem adultos frágeis diante das inevitáveis contrariedades, e ajudá-los a desenvolver a maturidade de quem sabe transformar tropeços em lições e dores em força.

Quando meus meninos se frustram, se machucam ou se desorganizam emocionalmente, a primeira coisa que faço é me aproximar. Coloco a mão sobre o peito deles (essa é a minha âncora, um gesto simples, mas carregado de sentido), e digo em seguida: "Respira fundo!".

Muitas vezes eles estão chorando, exaltados, confusos. Então eu repito, com calma: "Respira... isso... papai está aqui".

Aos poucos, a respiração encontra ritmo. E aos poucos, a emoção perde força.

Quando percebo que estão mais serenos, dou o próximo passo: peço que me contem o que aconteceu. "Me explica!". Se foi uma dor física, peço para apontar onde foi a lesão. Se foi uma briga com o irmão ou uma frustração em um jogo, peço para descrever o ocorrido. Não importa se ainda são pequenos. Dar nome ao que sentiram transforma o caos em narrativa, a dor em relato. E quando a criança consegue narrar o que viveu, começa a processar, entender e superar.

Depois de ouvir e compreender, eu ajo. Se é dor, acolho; se é conflito, intervenho; se é erro, explico; se é frustração, ensino. Faço questão de mostrar que tudo tem continuidade:

"Faz parte do jogo."

"Corre de novo."

"Vai atrás."

"Faça de novo."

"Você consegue."

"Papai está aqui."

Essas frases não são motivação barata, mas afirmações que reforçam ação, não dor; superação, não vitimização.

Por fim, encerro sempre com reforço positivo. "Você viu como respirou fundo? Como conseguiu me contar? Continuou jogando mesmo chorando. Isso é coragem."

Mostro que coragem não é ausência de dor, mas o que fazemos mesmo quando a dor aparece. Reforço que, mesmo frustrado, ele ficou. Mesmo machucado, conversou. Mesmo triste, respirou e seguiu. Isso ensina mais do que qualquer sermão.

Metodologia prática para situações de frustração

1. **Aproximação física e emocional.** Ajoelhe-se, sente, fique na altura do seu filho. Mantenha o olho no olho. Corpo relaxado. É o começo da regulação.
2. **Âncora de segurança: mão no peito.** Esse gesto simples ajuda a regular a respiração, acalma o sistema nervoso e transmite afeto.
3. **Comando simples e constante: "Respira fundo".** Repita com calma, dê o ritmo com a sua voz. A respiração lenta ativa o sistema parassimpático e reduz a intensidade da emoção.
4. **Organização dos fatos: "Me conta o que aconteceu".** Se for dor, peça para apontar. Se for conflito, peça para descrever. Ensina a nomear emoções e organizar pensamentos.
5. **Intervenção ou ensino.** Acolha se for dor, corrija se for erro, ensine se for frustração. Cada episódio vira uma lição.
6. **Palavras afirmativas de superação.** Foque no que ele pode fazer: pedir desculpas, continuar jogando, tentar de novo. Reforce a ação, não dor.
7. **Reforço positivo.** Mostre o que ele fez de certo. Respiração, narrativa, tentativa. Essa memória vira aprendizado.

Quando os filhos ainda são pequenos, o mais importante não é dar uma lição longa, e sim criar uma sequência previsível de cuidado e resposta. Isso constrói um padrão de segurança emocional, e, com o tempo, eles próprios vão aprender o que fazer quando a frustração chega.

Essa forma de agir transforma a dor em escola. O tombo vira ensinamento; a frustração, um ensaio de resiliência. O choro não é negado, mas acolhido, escutado e redirecionado. Aos poucos, eles entendem que, mesmo pequenos, já são capazes de enfrentar sentimentos grandes – com apoio, com presença, com estrutura.

Ciência da Resiliência Infantil

Estudos da *American Psychological Association* mostram que crianças que aprendem desde cedo a lidar com frustrações desenvolvem maior capacidade de autorregulação emocional, autoestima mais equilibrada e relações sociais mais saudáveis. Pesquisas publicadas no *Journal of Child Psychology and Psychiatry* também indicam que a habilidade de enfrentar contratempos na infância reduz significativamente os riscos de ansiedade e depressão na vida adulta. Em outras palavras: ensinar a criança a respirar, nomear emoções e se reorganizar diante do erro não é apenas consolo momentâneo – é construção de resiliência para toda a vida.

CAPÍTULO 15

HERÓIS DA VIDA REAL

"Contos de fada não dizem às crianças que dragões existem. Crianças já sabem que dragões existem. Contos de fada dizem às crianças que dragões podem ser mortos." **– G. K. Chesterton**

"Faça o que eu digo, não o que eu faço."

A expressão acima sempre me incomodou. Ela revela uma contradição perigosa: a do adulto que prega uma coisa e vive outra, como se fosse possível construir autoridade em cima da hipocrisia. As crianças não funcionam assim. Elas aprendem observando. Olham, comparam, levantam hipóteses, fazem perguntas.

Por exemplo, quando uma moto passa na rua, um dos meus meninos lança a dúvida:

"Papai, ela é mais rápida que o seu carro?".

Diante de um modelo diferente de automóvel, surge a dúvida:

"Esse carro é mais bonito que o da mamãe?".

João, Joaquim e Pedro nomeiam nossos carros, inventam histórias sobre eles e se sentem parte da escolha, da compra, da posse. É assim que se constrói pertencimento. Mas o que percebo nessa interação é a lógica infantil: o mundo só faz sentido pela lente da comparação. Foi observando esse padrão que percebi algo ainda mais didático: eles fazem o mesmo com os super-heróis.

Certo dia, Joaquim perguntou:

"Papai, você é mais forte que o Hulk?"

A pergunta pareceu simples, mas percebi certa profundidade. Eu poderia ter rido ou ter dito…

"Claro que não, filho, o Hulk é só um herói de mentira."

…mas escolhi outro caminho: respondi com criatividade:

"Filho, o Hulk é forte... mas o papai tem todos os poderes de todos os super-heróis juntos".

Ele sorriu parecendo acreditar de coração inteiro.

A partir daquele dia, a brincadeira virou hábito. Passei a ser sempre o mais forte que o Hulk, o mais rápido que o Flash, o que mergulha melhor que o Aquaman e levanta o martelo do Thor com uma única mão. A mãe? Segue a tradição: é, sem dúvida, mais poderosa que a Mulher-Maravilha.

Os super-heróis vivem em histórias distantes. Os pais, não. Estão presentes, ao alcance das mãos pequenas. São de carne e osso, têm cheiro, têm braços que acolhem e olhos que enxugam lágrimas. E por isso, talvez, os mais céticos possam argumentar que estou mentindo para os meus filhos. Mas não se trata de mentira – trata-se de educar a imaginação. Em outras palavras, usar a fantasia como linguagem para transmitir segurança, transformar amor em símbolos que eles entendem, mostrar que por trás da comparação existe uma verdade muito maior.

Às vezes, Joaquim repete a pergunta, como quem busca confirmação. Eu levanto os dois braços, faço pose de força, aperto os músculos. No rosto dele vejo nascer um orgulho sereno que transmite um sentimento de segurança. Ele quer acreditar, e isso basta.

O grande escritor inglês G. K. Chesterton defendia os contos de fadas porque via neles muito mais do que histórias para distrair crianças. Para ele, eram uma chave de compreensão da realidade. Não se tratava de fuga, mas de retorno à sanidade: aceitar os paradoxos da existência, perceber que o mundo tem limites e possibilidades, que existe bem e existe mal, que a liberdade só faz sentido quando encontra fronteiras.

Nos contos, a criança descobre que há perigos, mas também há salvação; que há monstros, mas também heróis; que o medo existe, mas pode ser vencido.

Chesterton via nos contos o primeiro passo para libertar a percepção infantil e formar um "bom senso" sólido diante da vida, ao mesmo tempo em que oferecem uma moralidade didática essencial à condição humana.

É exatamente isso que acontece quando digo que sou mais forte que o Hulk. Não estou negando os dragões – os medos, as perdas, as brigas no recreio, as noites de pesadelo. Meu filho já sabe que eles existem. Estou ensinando, na linguagem da imaginação, que eles podem ser vencidos.

A fantasia não engana – ela treina. Faz a criança experimentar, por dentro, a sensação da vitória antes da batalha.

A FANTASIA NÃO ENGANA – ELA TREINA. FAZ A CRIANÇA EXPERIMENTAR, POR DENTRO, A SENSAÇÃO DA VITÓRIA ANTES DA BATALHA.

Hoje, o "papai é mais forte que o Hulk" é o conto que dá forma à esperança. Amanhã, quando os vilões forem reais, essa esperança estará impressa na alma.

Meus filhos vão crescer e entender naturalmente que eu não era o herói imbatível que eles acreditavam. Mas os valores que plantei em cada gesto, em cada resposta criativa, em cada abraço firme – esses permanecerão como prova de que a verdadeira força não estava nos músculos, mas no amor.

Admiração, "queda" e reconhecimento

A ciência atesta que existe um ciclo universal na relação entre pais e filhos. Um estudo publicado no *PMC* (*PubMed Central*) investigou a influência de modelos, mentores e heróis identificados por adolescentes. Constatou-se que a maioria dos jovens (onze a dezoito anos) cita familiares – especialmente os pais – como suas principais figuras de admiração, superando celebridades ou figuras públicas. Essa preferência está ligada a comportamentos mais seguros, maior interesse pela educação e bem-estar emocional.

Com a adolescência, vem o distanciamento. O "herói imbatível" começa a perder espaço para críticas, questionamentos e choques de autonomia. É um movimento natural: a redução do sentimento de poder dos pais, um aumento nos conflitos, até que a relação, mais tarde, se reequilibre em bases mais igualitárias.

Porém, a ciência mostra que, mesmo nesse período turbulento, a segurança afetiva com os pais pode se aprofundar quando há apoio, satisfação e validação. Em outras palavras: **os conflitos não eliminam o vínculo – eles o testam, e podem até fortalecê-lo.**

Com a maturidade, quando os filhos já caminham com as próprias pernas, a ausência dos pais começa a se tornar realidade. É nesse ponto que muitos adultos, ao recordarem seus pais já velhos ou falecidos, reconhecem o valor insubstituível da presença paterna ou materna. Esse é o vínculo de apego que atravessa o tempo: uma ligação profunda, capaz de resistir aos erros, às distâncias e até à morte.

Em resumo: em lares funcionais, do primeiro sorriso à adolescência contestadora, e da contestação à saudade madura, algo permanece imutável: os pais são refúgio emocional e referência de vida. Crianças os veem como heróis de carne e osso; adolescentes constroem sua autonomia sobre essa base; adultos, mesmo na ausência, carregam a marca desse vínculo como algo que jamais pode ser substituído.

OS CONFLITOS NÃO ELIMINAM O VÍNCULO – ELES O TESTAM, E PODEM ATÉ FORTALECÊ-LO.

Para fixar

Estimular o imaginário não significa inventar mentiras, mas usar a fantasia como ponte para ensinar coragem, esperança e valores. Ao fazer isso, você não apenas fortalece o vínculo, mas também dá às crianças ferramentas simbólicas para lidar com medos, frustrações e desafios. A imaginação é o ensaio da vida real – quanto mais ela for cultivada em casa, mais preparados eles estarão para enfrentar os "dragões" que encontrarão pelo caminho.

CAPÍTULO 16

CARTAS DE ANIVERSÁRIO

"Cartas de amor são escritas não para dar notícias, não para contar nada, mas para que mãos separadas se toquem ao tocarem a mesma folha de papel." – **Rubem Alves**

Todos os anos, no dia do aniversário de cada um dos meus filhos, escrevo uma carta para eles. Não é um presente imediato, daqueles que provocam risos e empolgação na hora. É um presente silencioso, invisível aos olhos no momento, mas real e profundo – guardado para durar muito além de qualquer brinquedo ou objeto passageiro.

Escrevo para registrar o que aprendi com eles em cada ano: seus crescimentos, conquistas, traços marcantes, os desafios que enfrentaram e a maneira como reagiram. Escrevo porque não quero que o tempo apague o que foi essencial. Quero que, um dia, ao abrirem essas cartas, consigam se reconhecer nelas e enxergar com clareza quem realmente são.

Meu objetivo é que, quando completem quinze anos, cada um deles receba quinze cartas. Quinze versões de si mesmos sob o meu olhar. Quinze retratos emocionais, íntimos e formativos. Não são apenas textos, mas espelhos, mapas, convites à memória e reforços de identidade.

Em um mundo onde tantos adolescentes se perdem de si, duvidam da própria essência, questionam valores ou simplesmente se sentem deslocados, quero entregar algo que os ancore. Quero oferecer, em palavras, uma prova escrita daquilo que eles carregam por dentro. Porque, às vezes, é preciso ler para lembrar.

As cartas têm este propósito: servir como lembretes da essência. São descrições daquilo que vi neles em cada fase. Porque identidade não é apenas construída, mas também reconhecida. E o olhar de um pai pode revelar o que, muitas vezes, os próprios filhos ainda não conseguem enxergar.

> *"Meus filhos, se um dia vocês se esquecerem de quem são, abram essas cartas. Leiam o que escrevi quando tinham sete, oito, nove anos. Unam os pontos. Ouçam novamente a minha voz dizendo: 'Esse é você, meu filho... Acredite. Você é isso'."*

Essa ideia nasceu antes mesmo de eu ser pai. Eu acompanhava meu amigo Ricardo Jordão Magalhães, que escrevia cartas abertas aos filhos em seus aniversários e as publicava no Facebook. Eram textos lindos, emocionantes, cheios de histórias, detalhes e sentimentos. Aquilo me marcou profundamente. Achei nobre. E prometi a mim mesmo: "Se um dia eu for pai, farei o mesmo". Quando meus filhos nasceram, cumpri a promessa e comecei.

É uma experiência única, diferente de todas as outras. Escrever para um filho é como conversar com o tempo: falar com alguém que cresce diante dos nossos olhos, mas que só vai ler lá adiante, já com outro olhar, outro corpo, outro mundo dentro de si.

As cartas falam do que eu sinto, mas também do que eu vejo neles. Das virtudes que brotaram naquele ano, das pequenas superações, das frases engraçadas, dos detalhes que marcaram. Contam também o que vivemos juntos: a escola, um esporte, um filme, uma viagem, um gesto bonito, uma cena que me emocionou. São registros que o tempo, sozinho, não guarda.

E por que aos quinze anos? Porque essa é uma idade de travessia. O momento em que um menino começa a se tornar quase homem. Quando as dúvidas crescem, os conflitos se intensificam, as comparações ficam mais duras e a identidade titubeia. É justamente aí que quero oferecer um arquivo do amor: um dossiê escrito sobre o que os define. Palavras que sirvam de escudo, de mapa, de consolo.

Meus filhos ainda não leram nenhuma dessas cartas. Todas estão guardadas. Mas um dia, serão entregues. E acredito que, naquele momento, essas palavras terão mais valor do que qualquer presente. Porque não têm pressa. Foram escritas ano após ano, com amor e intenção. E quando chegarem às mãos deles, será como se eu estivesse ali, ao lado, segurando suas mãos e dizendo:

"Eu sempre estive olhando para você."

Na prática

Se você é pai e está lendo isso, talvez seu filho tenha cinco anos. Ou doze. Ou talvez nem tenha nascido ainda. Não importa. Você pode começar agora. Pode escrever a primeira carta hoje mesmo. Pode até escrever narrações retroativas. O importante é escrever com verdade. Diga como você o vê. Diga como ele faz você sentir. Diga os detalhes que só você enxerga. Esta é a função das cartas: registrar o que o tempo apaga, mas o coração precisa lembrar.

17

QUANDO EU NÃO ESTIVER MAIS AQUI...

"Seu legado está sendo escrito por você. Tome as decisões corretas." **– Gary Vaynerchuk**

Um dia, eu não vou estar mais aqui. Essa verdade me visita de tempos em tempos, mas não me assusta. Na verdade, me responsabiliza. Lembra-me de que a missão de um pai não é durar para sempre, mas deixar marcas que durem. Não se trata de eternidade biológica – até porque isso não existe –, mas de **continuidade emocional, intelectual e espiritual.**

É aqui que o *memento mori* ganha sentido. A lembrança da morte não é uma sombra que paralisa, mas uma luz que orienta. Ao saber que meus dias são finitos, aprendo a escolher melhor o que digo, como corrijo, o que ensino e o tempo que dedico. Essa consciência me obriga a viver com intencionalidade, a não desperdiçar os instantes, a gravar no coração dos meus filhos aquilo que realmente importa. Porque, quando eu partir, o que ficará não serão minhas posses, mas meus princípios.

Não será minha presença física, mas o legado invisível de amor, caráter e esperança que eles carregarão como herança.

Por isso, decidi escrever também um livro. Não será vendido, nem publicado, nem divulgado. Será entregue. Um exemplar para cada filho. Uma cópia para a mãe deles. E talvez apenas isso – um registro íntimo, feito não para o mundo, mas para o coração da minha família.

Esse livro se chamará *Quando eu não estiver mais aqui*. Nele estarão reunidos os princípios que mais me guiaram, me formaram e me sustentaram. Princípios que quero que sustentem meus filhos quando tiverem dúvidas, dor, saudade ou decisões difíceis a tomar.

Essa decisão não nasceu de um plano editorial, mas de um *gatilho emocional*. Quando eu tinha quinze anos, vivi minha primeira experiência clara e cruel de preconceito racial. Foi na escola. Foi algo que me deixou sem chão. Voltei para casa triste. Meu pai, que poderia ter dito muita coisa, disse apenas:

"Prove com resultado."

Depois ele foi até a escola, fez o que um pai deve fazer: me defendeu. Depois completou:

*"Quero que você vá para o Campeonato
Brasileiro e mostre que é bom."*

Vinte semanas depois, uma medalha de campeão estava no meu peito. Ele não precisou gritar. Apenas me lembrou:

"Lembra o que eu te falei?"

Naquele momento, eu entendi. Ele me deu uma lente para ver a dor, uma ferramenta para lidar com a raiva e um canal para transformar humilhação em conquista. Esse ensinamento foi a semente do meu livro. E se tornou o primeiro princípio de dez...

Dez princípios para guiar meus filhos quando eu não estiver mais aqui

1. **Quando alguém for injusto com você, prove com dedicação e resultado.** Você vai encontrar gente maldosa, injusta, preconceituosa. Não dá para impedir isso. Mas você pode escolher como reagir. Raiva é energia: direcionada ao ódio, destrói; direcionada ao esforço, transforma. Use o que o feriu para subir. Dê o troco sem violência, sem gritaria, sem rebaixar ninguém. Responda com excelência. E vença!
2. **Quanto mais você se capacita, menos ansioso você se torna.** Não é frase de efeito, é neurociência. A ansiedade nasce, muitas vezes, da incerteza e da sensação de descontrole. Quanto mais capaz você se sente, mais seguro fica. Estude, treine, aprenda, pratique. O mundo assusta menos quem está preparado. Capacitação é a cura silenciosa de grande parte das inseguranças.
3. **Servir primeiro é uma moeda infalível.** O mundo mede quem pega primeiro, quem recebe antes, quem lucra mais. Mas existe um segredo: quem serve primeiro nunca fica por último. Sirva com o que tiver – tempo, atenção, energia, talento, conhecimento. Seja o primeiro a ajudar, a ceder, a construir. O mundo devolve. Sempre devolve.

4. **O dinheiro mora no problema.** Nunca fuja dos problemas. Eles são mapas do tesouro disfarçados. Toda dor, falha ou incômodo é uma pista. Quem resolve problemas nunca fica sem recursos. Crie soluções. Pergunte: "Como posso melhorar isso?". A resposta o levará ao centro da economia real.
5. **Gratidão não tem prazo de validade.** A verdadeira gratidão é contínua, concreta e visível. Honre quem o ajudou. Faça isso com palavras sinceras, presentes significativos, reconhecimento público, serviço dedicado. Mas, sobretudo, viva de modo que essas pessoas se orgulhem de ter apostado em você.
6. **Coragem é permanecer, mesmo quando dá vontade de fugir.** Vai haver dor. Vai haver decepção. Vai haver dias em que você vai querer sumir. E está tudo bem sentir isso. O que não pode é desistir. A coragem verdadeira aparece quando todo o resto vacila. Ela é o que faz você segurar firme o que prometeu.
7. **Disciplina é mais confiável do que motivação.** Você não vai acordar animado todos os dias. Ninguém acorda. O que sustenta a vida não é a empolgação, é a disciplina. É fazer o que precisa ser feito, mesmo sem vontade. É isso que constrói músculos, negócios, caráter, reputação.
8. **Caráter vale mais do que resultado.** Ganhar de forma suja é perder para sempre. Nunca troque princípios por pódios. A vitória só vale se você puder contar como a conquistou. Caráter é a raiz da reputação. É o que o sustenta quando o vento forte chegar.

9. **Sua presença é seu maior presente.** Você vai ganhar dinheiro, construir coisas, realizar sonhos. Mas nada disso substitui estar presente. Olho no olho. Ouvido atento. Corpo junto. As pessoas que o amam não vão lembrar do quanto você gastou, mas de quanto você esteve.
10. **Seja forte para proteger, não para dominar.** Sua força tem um propósito nobre: criar ambientes seguros. A verdadeira força é gentil, contida, generosa. Ela segura o choro do outro, controla a própria explosão, ergue os que caíram. Use sua força para segurar o mundo de quem você ama.

Não sei com que idade meus filhos vão ler este livro que vou deixar, se aos 18, aos 22 ou aos 35. Mas sei que vão ler. E, quando lerem, quero que sintam que ainda estou aqui. Não fisicamente, mas nas frases, nos conselhos, nas decisões que tomarem. Este livro não será longo, mas será eterno. Porque aquilo que é ensinado com amor nunca morre.

Para relembrar

Você não precisa escrever um livro para os seus filhos, mas precisa viver de um jeito que a sua vida possa ser lida por eles. Um dia, cada gesto seu será lembrado como uma linha de história. Como disse um autor desconhecido, "escreva algo que valha a pena ser lido – ou faça algo acerca do qual valha a pena escrever".

18

VIOLÊNCIA, TOXICIDADE, OMISSÃO E PASSIVIDADE

"A perseverança é mais eficaz do que a violência, e muitas coisas que, quando reunidas, são invencíveis cedem a quem as enfrenta um pouco de cada vez." – **Plutarco**

O Brasil é um dos países mais violentos do planeta, respondendo por uma parcela desproporcional dos homicídios no mundo. Esse número não é apenas uma estatística distante – ele atravessa o nosso cotidiano, influencia a forma como vivemos, como nos protegemos e, sobretudo, como educamos nossos filhos.

Não sei como estará a situação no tempo em que você lê este livro, mas hoje o cenário é de barbárie. E crescer em um país assim significa aprender, desde cedo, a lidar com a dureza da vida.

É nesse contexto que uma das minhas maiores responsabilidades se revela:

ENSINAR MEUS FILHOS A ENFRENTAREM O MUNDO SEM DEIXAREM QUE O MUNDO OS ENDUREÇA POR DENTRO.

Meu desafio é prepará-los para resistir às pressões, às circunstâncias adversas e ao lado cruel das pessoas – sem perderem a essência. Não desejo filhos que confundam gentileza com fraqueza, firmeza com violência ou empatia com submissão. Porque existe, sim, uma linha tênue entre ser forte e ser bruto, entre ser firme e ser tóxico, entre ser respeitador e ser omisso. E é exatamente nessa linha, frágil e decisiva, que procuro educá-los todos os dias.

DIGO QUE ELES PRECISAM SABER SE POSICIONAR, TER OPINIÃO FIRMADA, FALAR COM CLAREZA, PROTEGER O QUE É SEU SEM MACHUCAR NINGUÉM. DESDE CEDO, ENSINO QUE EXISTEM SITUAÇÕES EM QUE O SILÊNCIO NÃO BASTA, É PRECISO POSTURA.

Passividade e omissão são dois venenos diferentes, mas igualmente perigosos. Passividade é saber o que precisa ser feito e não agir – deixar que o medo paralise, que o receio silencie a verdade. Omissão é fingir que não viu o erro, que não percebeu a injustiça, que não sentiu o desconforto. Ambos corroem a integridade. Em casa, falamos sobre isso com frequência, até nas brincadeiras.

Um dia, João voltou contando que um menino havia batido nele. Não foi uma grande briga, mas um confronto real. Ele não soube como reagir e sentiu medo. Percebi que faltavam ferramentas. Então ensinei, com calma, o que fazer: unir os braços à frente do peito, cruzá-los entre os braços do outro e, com um movimento de meia-lua, criar espaço e dizer com firmeza: "Se afasta!".

Repare que não é ataque, mas defesa. Não é violência, mas proteção. Sugeri que treinássemos juntos. Ele repetiu o gesto e praticou a frase.

A verdadeira coragem não está na agressividade, mas na firmeza. Firmeza de saber o que é certo e de manter a linha mesmo quando alguém tenta ultrapassá-la. Por isso, digo que firmeza não é violência.

Esse aprendizado também aparece nas disputas entre os irmãos. Muitas vezes, quando Joca ou Pedro querem um brinquedo de João e não conseguem, basta um deles chorar para o João ceder. Mesmo que fosse dele, mesmo que estivesse brincando primeiro. Ele recua e se anula. Embora eu valorize a generosidade, preciso ensinar a ele que não é preciso abrir mão de tudo para manter a paz. Existem momentos em que manter o que é seu é o justo, e é preciso aprender a dizer não. Nessas horas, intervenho, elogio sua disposição de dividir, mas reforço:

"Esse brinquedo está com você agora. Você está certo em ficar com ele. O Joca e o Pedro precisam aprender que não podem ter tudo na hora."

É uma justiça doméstica, uma microeducação moral que se refletirá lá na frente.

A firmeza de caráter se constrói nas pequenas práticas do cotidiano. Se a ganância é a distorção da ambição, a brutalidade é a distorção da firmeza. Por isso, cada situação difícil vira laboratório. Conversamos sobre as reações, damos nome às emoções, repetimos as falas certas, treinamos gestos que afastam o inimigo sem necessariamente machucar. Reforçamos sempre: a força de um menino está em ser inteiro – não agressivo, não omisso. Inteiro. Capaz de dizer o que pensa, de se proteger, de respeitar o outro e de preservar a si mesmo.

Coragem não é gritar. Coragem é sustentar um "não" com amor. É defender o que é certo sem ferir. É proteger o outro sem se apagar. E, acima de tudo, proteger a si mesmo.

"Quem poupa o lobo sacrifica a ovelha", diz o ditado. Na educação dos filhos, isso significa que, ao fechar os olhos para a agressividade, a injustiça ou a manipulação, acabamos entregando os mais frágeis à própria sorte.

Lembre-se de que ser firme não é ser duro: é proteger. É colocar limite para que a violência não cresça, para que a toxicidade não contamine. Educar é escolher de que lado ficar – e eu escolho sempre o lado da justiça, ainda que doa corrigir.

> Um estudo publicado no *Journal of Youth and Adolescence* (2017) analisou a relação entre firmeza, limites claros e desenvolvimento emocional em crianças e adolescentes. Os pesquisadores concluíram que jovens educados em lares onde os pais combinam afeto com disciplina consistente apresentam maior autoestima, menos comportamentos agressivos e mais capacidade de enfrentar situações de injustiça sem recorrer à violência. Em outras palavras: firmeza não endurece, fortalece. Quando os filhos aprendem desde cedo a se posicionar com clareza – sem omissão, mas também sem agressividade –, crescem mais preparados para resistir às pressões sociais e preservar sua integridade.

CORAGEM NÃO É GRITAR. CORAGEM É SUSTENTAR UM "NÃO" COM AMOR. É DEFENDER O QUE É CERTO SEM FERIR. É PROTEGER O OUTRO SEM SE APAGAR. E, ACIMA DE TUDO, PROTEGER A SI MESMO.

Antes de fechar este capítulo, gostaria de compartilhar alguns parágrafos sobre a importância de mostrar o mundo real às crianças de maneira gradual, honesta e responsável, preparando-as para interpretar a vida com clareza e maturidade...

Mostrar o mundo real aos meus filhos passa por duas vias: aquilo que eles observam e interpretam por si mesmos e aquilo que eu apresento intencionalmente, conduzindo a compreensão. Hoje essa segunda via ainda é a mais importante, porque eles estão em formação e não têm os filtros necessários. Sei, porém, que nem sempre estarei ao lado deles, por isso, cada explicação e cada conversa se tornam sementes para que formem juízos próprios no futuro.

A curiosidade infantil é a porta de entrada para esse aprendizado. Quando veem um pássaro no jardim ou um animal caçando, aproveito para explicar a ordem natural das coisas. Quando perguntam sobre pessoas vivendo nas ruas, falo sobre desigualdade, mas também sobre solidariedade. Quando tocam no tema da violência, explico com clareza que há quem escolha ferir, mas também há quem se dedique a proteger e a cuidar. E quando surge uma injustiça entre irmãos, uso o cotidiano como exemplo para que entendam, na prática, o que significa e como agir diante disso.

Também faço questão de mostrar a beleza da diversidade. Diferentes cores de pele, costumes, culturas e línguas são apresentadas como riquezas do mundo, não como barreiras. Respeito, digo a eles, é sempre a melhor forma de viver entre as diferenças. Esse tipo de exposição gradual e guiada é reforçado pela ciência: estudos mostram que crianças que recebem informações adequadas sobre riscos sociais e diversidade desenvolvem maior empatia, resiliência e confiança nos pais.

Meu objetivo não é pintar o mundo como um lugar horrível nem como um paraíso, mas como ele realmente é: complexo, cheio de dificuldades e injustiças, mas também repleto de beleza, bondade e possibilidades.

Desejo que cresçam com consciência, preparados para conviver com tudo isso sem medo e sem ingenuidade. Mais do que tudo, desejo que aprendam a escolher o lado certo das coisas, que saibam se proteger e proteger os outros, mantendo sempre firmeza, empatia e responsabilidade.

19

ENTRE O CAIR E O LEVANTAR

"A nossa maior glória não reside no fato de nunca cairmos, mas, sim, em nos levantarmos sempre depois de cada queda." – **Oliver Goldsmith**

Todo pai precisa aprender a caminhar na linha tênue entre a superproteção e a indiferença. De um lado, corre-se o risco de criar filhos frágeis, incapazes de enfrentar os próprios desafios; de outro, o perigo é formar crianças endurecidas pela ausência de cuidado.

O ponto de equilíbrio é justamente saber quando oferecer a mão e quando apenas estar presente, permitindo que eles se levantem sozinhos. Essa medida não é exata, mas se revela no cotidiano, nas pequenas quedas e nos sustos da infância.

Uma habilidade fundamental é diferenciar a queda que exige socorro imediato daquela que pode se tornar um exercício de superação. Nem toda dor precisa ser interrompida. Nem todo tropeço é sinal de perigo. Muitas vezes, é no intervalo entre o susto e a recuperação que nasce a resiliência.

Por isso, antes de reagir, observo a mim mesmo. **Minha resposta não pode ser automática, deve ser consciente.** Se corro e pego no colo a cada arranhão, ensino a incapacidade. Se ignoro, transmito indiferença. Mas quando digo com firmeza e proximidade "Tá tudo bem? Levanta, filho. Papai tá aqui", ensino segurança e confiança.

As reações importam mais do que parece. Uma criança aprende com o tom de voz dos pais que nem todo problema é o fim do mundo. Nas quedas leves, incentivo a retomada com palavras simples:

"Levanta, você consegue. Tá tudo certo".

Quando o tombo é um pouco maior, caminho até eles, peço para mostrar onde doeu e aplico o remédio que sempre funciona: o *beijo mágico*. Eles acreditam, e esse acreditar tem efeito real. Pergunto se passou e quase sempre a resposta vem entre o choro e o sorriso: "Passou".

Isso não significa ignorar quando a dor é séria. No aniversário de um amigo do João, por exemplo, esse menino caiu e quebrou o braço. Foi uma queda forte, de grande impacto. Naquele momento, o cuidado imediato foi essencial, mas também a clareza da explicação. Eu disse:

"Filho, ele quebrou o bracinho, mas já está no médico e vão cuidar dele direitinho".

Não aumentei a tragédia, tampouco omiti a realidade. A segurança das crianças nasce justamente desse equilíbrio entre verdade e confiança.

Esse aprendizado não surge de repente; precisa ser cultivado desde cedo. Quando meus filhos tinham cerca de dez meses, eu repetia um gesto herdado do meu pai: equilibrá-los na palma da minha mão. Eles riam, confiavam, se desafiavam. Era divertido, mas também pedagógico. Por meio daquele simples gesto, eu comunicava: você pode se apoiar em mim, mas também pode se equilibrar sozinho. A confiança em si mesmo começa assim: no toque, no olhar, na presença que encoraja sem sufocar.

Uma investigação longitudinal publicada no *Journal of Personality* (2005) demonstrou que o suporte à autonomia dado pela mãe, ainda na primeira infância, está positivamente relacionado ao ajuste social e acadêmico da criança no terceiro ano. Esse suporte inclui práticas como reconhecer sentimentos, fornecer justificativas, evitar linguagem controladora e oferecer escolhas. Crianças com esse tipo de apoio apresentaram mais confiança, autoestima e melhor desempenho escolar. Além disso, outro estudo mostrou que estilos parentais que promovem competência socioemocional e autonomia – em vez de controle psicológico excessivo – podem proteger jovens de dificuldades sociais e emocionais. Por fim, o *Center on the Developing Child* da Universidade de Harvard destaca que relacionamentos sensíveis, estáveis e responsivos são ingredientes ativos fundamentais para o desenvolvimento saudável.

Proteger não é evitar a dor, mas dar sentido a ela. Um arranhão não acaba com o dia, o choro não revela fraqueza e um joelho ralado é apenas sinal de quem viveu.

Resiliência começa não nos grandes desafios da vida, mas nos tombos cotidianos: na escada da sala, no escorregão da calçada, no tombo no parque. E o que se fixa não é a dor em si, mas a forma como o pai ou a mãe reage diante dela.

Com o tempo, percebo que meus filhos já se levantam mais rápido. Olham para mim apenas para confirmar que está tudo bem. E eu confirmo com o olhar, com o gesto, com a presença silenciosa de quem está sempre ali, não para impedir a queda, mas para ensiná-los a levantar. Essa é a diferença entre um pai que protege e um pai que prepara.

20

ROTINAS, RITOS E RITUAIS

"Os ritos são no tempo o mesmo que o domicílio é no espaço." – **Antoine de Saint-Exupéry**

Educar não é apenas dar instruções ou corrigir comportamentos. É também criar um ambiente onde as crianças possam se sentir seguras, lembradas e pertencentes. No meu processo de educação, entendi que a infância dos meus filhos se organiza sobre três pilares que, à primeira vista, parecem semelhantes, mas carregam significados distintos: rotinas, rituais e ritos.

Estabelecer a diferença entre eles mudou minha forma de estar presente, de construir memórias e, principalmente, de moldar a identidade deles. A rotina é a base. É aquilo que se repete todos os dias, quase no automático, dando previsibilidade e estrutura. O ritual é a intenção por trás da rotina, o significado invisível que dá alma ao gesto cotidiano. Já o rito é um marco simbólico, um acontecimento que celebra uma transição, uma conquista ou uma etapa da vida.

Ter consciência desses três elementos e aplicá-los de maneira intencional é o que dá profundidade ao vínculo familiar.

Na prática, isso aparece em diferentes momentos da nossa vida. Por exemplo, todas as manhãs, eu levo meus filhos à escola e a Lalas busca. Essa é a rotina. Mas o ritual que acompanha esse trajeto é mais poderoso do que o ato de dirigir até a porta da escola. No caminho, eu converso com eles, faço perguntas, incentivo com palavras de afirmação e sempre dou uma bênção antes de saírem. Eles já sabem: o carro não é apenas transporte, é o momento da conversa e da semente plantada para que o dia comece bem.

Outro exemplo é a hora do jantar. A rotina é com todos à mesa, sempre juntos. O ritual é esperar até que o último termine, como sinal de respeito e comunhão. Não usamos celular na mesa. Essa prática nunca foi um mandamento imposto, mas um valor cultivado: estar presentes uns com os outros.

Até situações simples podem ser transformadas em rituais. Toda noite, meus filhos tomam um suplemento em forma de goma. Poderia ser um ato automático, mas faço questão de explicar: "Essa vitamina vai ajudar nos músculos, vai dar força, vai proteger o corpo". De repente, o que era só mastigar uma goma vira uma pequena aula de biologia lúdica. Eles adoram.

E há os rituais da noite, que para nós são especiais. Quando é minha vez de colocá-los para dormir, sempre conto histórias. Mas não qualquer história: são séries, com enredo contínuo, personagens, suspense e lição no final. Eles pedem pelo próximo episódio como se fosse uma temporada da Netflix. Criamos juntos um universo que se prolonga noite após noite. Eles lembram dos episódios anteriores e esperam ansiosos pelo que vem depois. Isso desenvolve memória, imaginação e ainda me dá a oportunidade de inserir valores como amizade, coragem e empatia dentro da narrativa.

Os ritos têm um peso. São únicos, simbólicos, carregados de significado. O primeiro dente que caiu, por exemplo, foi celebrado com a visita da *fada do dente*. Mais do que a moedinha embaixo do travesseiro, o momento serviu para falar sobre conquista, transição e até sobre o valor do dinheiro.

Outro rito que criamos foi o da minha chegada em casa: entro, beijo a Lalas primeiro, depois abraço os filhos. É proposital. Quero que eles entendam que a base do lar está no amor entre pai e mãe, e depois no afeto entre pais e filhos. Esses gestos simples, repetidos dia após dia, viraram um rito da volta para casa, cheio de alegria e expectativa – com correria, gritos de "papai" e até sustos preparados atrás do sofá.

ESSES EXEMPLOS MOSTRAM QUE ROTINAS, RITUAIS E RITOS NÃO SÃO LUXO. SÃO ALICERCES EMOCIONAIS. CRIANÇAS QUE CRESCEM CERCADAS POR REPETIÇÃO ESTRUTURADA, INTENÇÃO CONSCIENTE E MOMENTOS SIMBÓLICOS CARREGADOS DE AFETO DESENVOLVEM MAIS SEGURANÇA INTERNA. ELAS SABEM O QUE ESPERAR, SABEM QUE TÊM LUGAR, SABEM QUE RECEBEM ATENÇÃO.

Não é preciso muito para começar. A ida ao mercado pode virar ritual se, no caminho, o pai conversa com o filho sobre como escolher frutas. O banho pode se transformar em rito se, ao final, houver sempre uma música cantada juntos. A rotina da avó pode se encher de afeto se ela prepara o mesmo pão com manteiga e ouve com calma o que a criança tem a dizer. O que dá valor não é a complexidade da prática, mas a repetição com intenção.

Meus filhos talvez não se recordem de todos os brinquedos que ganharam, nem de cada passeio que fizeram. Mas sei que vão se lembrar das histórias que criamos juntos. Vão se lembrar da moedinha deixada pela *fada do dente*. Vão se lembrar de me ver entrar em casa e primeiro honrar a mãe deles, antes de abraçá-los. Essas memórias afetivas vão muito além do momento: elas constroem a identidade. Porque não é o tempo que marca a infância, e sim o afeto que a acompanha.

Na prática

Como aplicar rotinas, rituais e ritos na sua família

1. **Rotinas que trazem segurança**
   - Defina horários fixos para refeições e sono.
   - Mantenha a ordem no dia a dia: café da manhã juntos, tarefa antes de brincar, leitura antes de dormir.
   - Use pequenas frases repetidas que reforcem hábitos ("hora de dormir, hora de crescer").

2. **Rituais que dão significado**
   - Transforme o trajeto até a escola em um momento de conversa e bênção.
   - Na hora do jantar, crie um ritual de escuta: cada um compartilha algo bom do dia.
   - Dê intenção a gestos simples: ao dar uma vitamina, explique para que serve; ao guardar brinquedos, fale de cuidado com o que é deles.

3. **Ritos que marcam a memória**
   - Celebre conquistas: o primeiro dente que caiu, a primeira pedalada sem rodinhas, a primeira apresentação na escola.
   - Crie símbolos de chegada e despedida: um abraço especial ao voltar para casa ou uma palavra-chave antes de dormir.
   - Estabeleça ritos familiares anuais: a foto no mesmo lugar nas férias, a oração no aniversário, a contagem regressiva para o Natal.

21

A ARTE DE CONTAR HISTÓRIAS: COMO FORMAR CARÁTER ATRAVÉS DA NARRAÇÃO

"Por mais insignificante que possa parecer, tudo na vida conta uma história." – **Martin Lindstrom**

Se você ainda não usa histórias no contexto da educação, está desperdiçando um grande recurso de conexão, imaginação e formação de personalidade. Para ter ideia do que estou falando, vou deixar que outros autores expliquem melhor:

> "Contar histórias sobre sua vida permite que as pessoas saibam que não estão sozinhas; e permite que algumas das pessoas mais próximas a você – como a família e os entes queridos – vejam sua vida separada no contexto da família, e sem o tipo de retrospectiva revisionista sobre as pessoas que mais amamos, em que às vezes podemos cair." – Dan Kennedy, apresentador do podcast *The Moth*.

"É uma necessidade humana contar histórias. Quanto mais somos governados por idiotas e não temos controle sobre nossos destinos, mais precisamos contar histórias sobre quem somos, por que somos, de onde viemos e o que é possível." – Alan Rickman, premiado ator britânico, mais conhecido pelos filmes *Duro de Matar*, *Robin Hood* e pelo papel de Severo Snape na saga *Harry Potter.*

"Hoje em dia há um desespero, uma desorientação, um não-saber-o-que-fazer generalizado, porque o homem já não é fiel à única coisa que talvez seja, de fato, a sua natureza: contar a própria história." – Italo Marsili, médico e escritor best-seller.

"As histórias são a conversão criativa da própria vida em uma experiência mais poderosa, mais clara e mais significativa. Elas são a moeda do contato humano." – Robert McKee, célebre professor de escrita criativa.

Essas vozes diferentes, vindas de um orador, de um ator, de um médico e de um mestre da escrita, apontam para a mesma direção: as histórias estão no centro do que significa ser humano. Elas nos organizam por dentro, nos conectam por fora e nos lembram de quem somos. E é justamente por isso que, aqui em casa, contar histórias nunca foi apenas uma distração antes de dormir.

É muito mais do que entreter: é uma ponte entre mim e meus filhos, um exercício de imaginação coletiva, um laboratório para emoções e ideias. Cada vez que crio uma narrativa, não estou apenas inventando um personagem ou descrevendo um enredo. Estou ativando sentimentos, ampliando vocabulário, estimulando criatividade e, sobretudo, deixando sementes que vão germinar em suas memórias para a vida inteira.

Sempre gostei de histórias, porque elas me transportam. Não necessariamente as literárias – nunca fui um grande leitor de ficção –, mas as visuais, os filmes que criam universos inteiros e me envolvem completamente. Com crianças, esse recurso faz ainda mais sentido, porque elas aprendem o mundo primeiro pelos olhos. Para elas, **imagem** é linguagem. Quando conto algo, minha missão é transformar palavras em cenas, como se estivesse dirigindo um filme particular, exclusivo para nós.

Há um ritual que antecede a narrativa. Reúno os três, coloco-os em roda, como nos tempos antigos em que famílias se juntavam ao redor da fogueira para transmitir sabedoria. Então, começo com voz, ritmo, suspense, mudança de tom, intensidade nos detalhes. Estrutura sempre existe – começo, meio e fim –, mas o que prende não é a ordem, é a emoção. E funciona. Eles ficam vidrados, atentos, mergulhados em cada palavra.

É fascinante observar as reações de cada um. João interrompe para fazer previsões, como se quisesse adivinhar o próximo passo. Joaquim questiona a lógica da trama, tentando confirmar se aquilo poderia mesmo acontecer. Pedro simplesmente mergulha, participa e reage com entusiasmo. São respostas diferentes, mas todas revelam a mesma coisa: eles não estão ouvindo de fora, estão vivendo a história junto comigo.

Entre as narrativas criadas, algumas já se tornaram clássicas em nossa casa. A mais famosa é a do *Mingau*, um leão valente, que vive aventuras ao lado do *Dragão Camarada*. A saga já se estendeu por tantas versões que perdemos a conta: *Mingau I, II, III... até o XIV*. Funciona como uma série mesmo. Cada noite, um episódio novo, conectado ao anterior. Eles lembram detalhes que eu já havia esquecido, pedem reprises de trechos, discutem hipóteses. É como se criássemos, juntos, um universo expandido que só existe dentro da nossa família.

Outro personagem que entrou para o repertório é o *Bisnaguinha*, um menino de oito anos, de boné amarelo na cabeça, tendo a bicicleta como companheira. Ele se envolve em situações extraordinárias: às vezes enxerga algo estranho no céu, outras cruza com personagens inspirados em filmes que eles conhecem, como os Transformers.

Tudo é inventado no momento, improvisado a partir da imaginação. Eu descrevo cenários, faço vozes, dou movimento às cenas. E eles mergulham comigo, sem que nenhuma tela consiga competir com aquela experiência compartilhada.

Até os heróis famosos ganham versões exclusivas. Invento "o que o filme do Homem-Aranha não mostrou" ou "a versão secreta do Capitão América que ninguém conhece". Eles acreditam, se empolgam, perguntam se é verdade. E eu respondo: "É uma história só sua, que só você ouviu". Essa sensação de exclusividade cria pertencimento, como se estivessem participando de um segredo de família.

Meu objetivo é simples e profundo ao mesmo tempo: ampliar repertório. Estimular um pensamento que vá além do óbvio, ensinar que a criatividade pode ser aplicada em qualquer área da vida. Hoje é uma história; amanhã pode ser uma ideia de negócio, uma solução inovadora, uma forma de comunicação e até mesmo um livro. Eu mesmo já experimentei esse poder quando escrevi meu primeiro livro, na época em que treinava nadadores. No último capítulo, incluí uma ficção: a jornada de um remédio chamado *Plus*, que precisava atravessar o corpo do atleta e chegar ao coração – o prefeito da cidade – antes que o tempo acabasse. Uma mistura de ciência e imaginação, inspirada no desenho *Osmose Jones*. Foi meu jeito de unir razão e emoção para ensinar sobre esforço, limite e superação.

AS HISTÓRIAS SÃO FERRAMENTAS EMOCIONAIS. AJUDAM A DAR NOME AOS SENTIMENTOS, TRAZEM SEGURANÇA, ESTIMULAM PERGUNTAS. JÁ VI MEUS FILHOS RECRIANDO EPISÓDIOS EM DESENHOS, NAS BRINCADEIRAS DE LEGO OU ATÉ NO JEITO DE SE EXPRESSAREM COM OS AMIGOS. ELES APRENDEM, SEM PERCEBER, QUE É POSSÍVEL INVENTAR, IMAGINAR, TRANSFORMAR.

Por isso, mais do que uma experiência de presença, contar histórias tornou-se uma herança invisível. Uma linguagem universal que molda identidade, estimula resiliência e cria vínculos que atravessam o tempo. Pode ser que um dia eles esqueçam o enredo do *Mingau* ou as aventuras do *Bisnaguinha*, mas nunca vão esquecer o sentimento de estarem sentados comigo, vivendo juntos mundos que só existiam porque alguém decidiu contá-los.

Na prática

Como aplicar o storytelling no dia a dia com seus filhos

1. **Escolha um momento.** Antes de dormir, na hora do jantar ou durante o caminho para a escola. Histórias funcionam melhor quando há atenção plena.
2. **Crie personagens simples.** Use animais, objetos ou heróis que eles já conhecem. O familiar abre espaço para o imaginário.
3. **Dê emoção à voz.** Varie o tom, o ritmo e a intensidade. O que marca não são apenas as palavras, mas como você as diz.
4. **Insira valores de forma natural.** Coragem, amizade, generosidade, paciência. A lição não precisa ser explícita; basta estar no enredo.
5. **Deixe espaço para participação.** Faça perguntas, permita que inventem finais alternativos ou criem personagens.

Lembre-se: contar histórias não exige talento especial, exige presença. A magia está em transformar momentos simples em memórias inesquecíveis.

22

RIR É PRECISO

"O bom humor tem algo de generoso: dá mais do que recebe." – **Émile-Auguste Chartier**

Sorrisos, risadas e gargalhadas fazem parte da experiência humana desde a infância. O humor é uma linguagem universal: aproxima, conecta e revela traços profundos da nossa personalidade.

Em algumas pessoas, essa capacidade parece adormecida, quase escondida. Mas, se olharmos com atenção, sempre a encontramos. A ciência confirma o que a intuição já nos dizia: o riso não é mero acaso emocional, mas um fenômeno físico, com base neurológica e expressão corporal. Há, portanto, mais do que leveza no ato de rir: existe saúde, desenvolvimento e até herança afetiva.

Na nossa casa, a risada corre solta. Quando algo é realmente engraçado, não nos controlamos: rimos de verdade. Sempre fui um cara risonho, e acredito que o riso é uma das expressões mais puras da personalidade. Não se trata apenas de achar graça em algo, mas de revelar que aquilo nos tocou de forma leve, espontânea e sincera. O riso liberta.

E, quando é solto – sem freio, sem constrangimento e sem culpa –, ele se transforma em um sinal de saúde emocional.

As crianças entendem isso naturalmente. Toda criança nasce com senso de humor, seja menino ou menina, e percebe o lado cômico das situações com rapidez impressionante. O problema é que, muitas vezes, são os adultos que atrapalham. Muitos cresceram em ambientes onde rir era visto como desatenção, desrespeito ou falta de foco. Foram ensinados a conter a gargalhada, a segurar o sorriso, a "não exagerar". E sem perceber, acabam silenciando o riso dos próprios filhos.

Cada um dos meus filhos tem sua forma de expressar humor. O Joaquim tem uma graça natural; basta vê-lo tentando manter o semblante sério para que todos à volta explodam em riso. O João, desde muito pequeno, já contava piadinhas. Com apenas três anos, sabia a hora certa da pausa, o tom exato da voz, o ritmo do suspense. Isso não é apenas engraçado, é maravilhoso. Uma criança que aprende o *timing* da piada, que percebe como arrancar risos de outras pessoas, está desenvolvendo linguagem, empatia, expressão. Está aprendendo a criar conexão.

O senso de humor aproxima. Ele abre portas e convida os outros para perto. Uma casa que ri junto é uma casa mais leve. Momentos comuns se transformam em lembranças afetivas. A vida, quando atravessada com humor, fica mais suave, mais rica, mais humana. Como escreveu um poeta:

"O HUMOR PODE ENFIAR-SE POR BAIXO DA PORTA ENQUANTO A SERIEDADE AINDA ESTÁ A SE ATRAPALHAR COM A MAÇANETA."

Lembro que meu pai também era engraçado por natureza. Contava histórias que nos faziam chorar de rir. Essa memória ainda me acompanha. Quando penso nele, uma das primeiras imagens que me vêm não é de bronca ou lição, mas do som da sua risada. Isso é legado. E é o mesmo legado que quero deixar para os meus filhos: que o pai deles foi firme, presente e ensinador, mas também foi leve, divertido e capaz de rir com eles.

Rir junto é compartilhar alegria. É estar ao lado, dividindo a graça da situação. Rir de alguém é zombaria, é usar o humor como arma para se sentir superior. Ensinar essa diferença é essencial. Em casa, sempre reforço: o riso deve incluir, nunca excluir; deve acolher, nunca ferir.

É por isso que valorizamos o riso conjunto. Observamos o mundo com curiosidade e leveza e, quando algo nos parece engraçado, rimos juntos, sem reservas. Porque o mundo já é pesado demais, e um lar em que a gargalhada é bem-vinda é um lar mais vivo, mais próximo e mais feliz.

Dica prática para rir em família

Um bom jeito de cultivar momentos de leveza em casa é assistir juntos a um filme que provoque gargalhadas de todas as idades. Uma indicação são animações como *A Era do Gelo* e *Shrek*, que combinam humor inocente, situações absurdamente engraçadas e personagens carismáticos. Além de divertir, filmes como esses trazem lições sobre amizade e cooperação – tudo isso em meio a muitas risadas.

"Tá rindo ou tá chorando?"

Nem todo choro de criança é dor ou tristeza. Muitas vezes, é apenas birra, vontade contrariada ou pedido de atenção. E a birra não pede consolo, pede redirecionamento. Aqui em casa, encontrei uma forma simples e divertida de lidar com isso: olho para eles e pergunto, sorrindo, *"Tá rindo ou tá chorando?"*.

Essa frase muda tudo. Ela quebra a cena dramática, devolve o controle e abre espaço para a leveza. Quase sempre eles começam a rir no meio do choro, e o clima muda. Não é mágica: é foco. Li sobre isso em Daniel Goleman, que explica como crianças pequenas podem trocar de estado emocional quando têm a atenção redirecionada. Adaptei a teoria para a nossa realidade, que é uma casa cheia de risadas, e deu certo.

O mais bonito é ver que eles não se ofendem. Ao contrário, riem de si mesmos – e os irmãos riem junto. Já ouvi o Joaquim perguntar para o Pedro, no meio de uma birra: *"Tá chorando ou tá rindo?"*. E, claro, o Pedro acabou rindo também. Isso virou uma espécie de piada interna.

Importante: eu só uso quando percebo que não há dor real. Se o choro for legítimo, acolho, escuto, ajo. Mas quando é exagero, redireciono. Porque a lição não é engolir o choro, mas aprender que nem todo desconforto precisa virar drama. É descobrir que rir pode ser mais forte do que se render.

No fundo, é isso que quero ensinar: que a vida vai trazer dores reais, mas também vai trazer incômodos pequenos. Em todo caso, a melhor resposta pode ser simplesmente rir.

A Virtude da Eutrapelia

Na tradição filosófica e cristã, existe uma virtude pouco lembrada, mas essencial para a vida em família: a eutrapelia. Aristóteles já a descrevia como o equilíbrio entre dois excessos – o da seriedade rígida, incapaz de rir, e o da bufonaria, que ri de tudo de forma desrespeitosa. Para ele, a boa diversão é parte da vida virtuosa, porque o ser humano precisa tanto de seriedade quanto de leveza. Mais tarde, São Tomás de Aquino reforçou essa visão: o coração humano precisa de repouso, e a recreação moderada não é perda de tempo, mas um remédio para a alma.

Na prática, a eutrapelia é a **virtude do bom humor**, a arte de rir na medida certa. É brincar sem ferir, rir sem zombar, descansar sem cair na preguiça. É entender que o humor não diminui a dignidade, mas a reforça, pois ajuda a criar vínculos, aliviar tensões e fortalecer laços de afeto. Cultivar essa virtude em casa é ensinar aos filhos que a alegria é tão necessária quanto a responsabilidade – e que a vida fica mais leve quando sabemos rir juntos.

23

DESCULPA X PERDÃO

"Se você errou, peça desculpas... É difícil pedir perdão? Mas quem disse que é fácil ser perdoado?" **– Cecília Meireles**

Pedir desculpas não é o mesmo que pedir perdão. São atitudes distintas, com profundidades diferentes. E eu precisei aprender isso cedo, porque sabia que um dia teria de ensinar aos meus filhos – e, mais do que ensinar, praticar com eles.

A desculpa é um gesto de etiqueta social. Usamos quando esbarramos em alguém, atrasamos alguns minutos ou interrompemos sem querer. É o reconhecimento de um incômodo passageiro. Remedia a situação, mas não necessariamente fortalece os vínculos.

O perdão é outra coisa. Praticá-lo exige coragem. É preciso admitir que machucamos alguém – e não apenas de forma prática, mas no modo emocional. Quando a confiança é ferida, quando a palavra humilha, quando a ausência magoa, o que se deve pedir não é desculpa, mas perdão.

Lembro-me de uma cena marcante com o João, que tinha apenas três anos. Eu estava em uma turnê intensa, cansado, tentando resolver algo urgente pelo telefone dentro de uma van. Ele me fez uma pergunta simples, coisa de criança. No ritmo acelerado, respondi com grosseria. Então ele me olhou nos olhos e disse:

"Papai, eu não gosto quando você fala assim comigo. Eu fico chateado".

Aquilo me paralisou. Mesmo tendo apenas três anos, ele soube expressar exatamente o que sentiu. Olhei para ele e não pedi desculpas, mas perdão:

"Papai errou. Você não merecia isso. Não vai acontecer de novo. Me perdoa".

E não aconteceu mais. Porque perdão não é palavra vazia: é reparação, compromisso e mudança de atitude.

Desde então, compreendi que mesmo sendo pai – provedor, educador, o adulto da relação –, preciso tratar meus filhos com respeito absoluto. Respeito que se traduz em "por favor", "com licença", "desculpa"... e, claro, "perdão".

MUITOS HOMENS ACREDITAM QUE PEDIR PERDÃO DIMINUI A AUTORIDADE. MAS É EXATAMENTE O CONTRÁRIO. O QUE CORRÓI A AUTORIDADE É O AUTORITARISMO DISFARÇADO DE FORÇA, A RIGIDEZ QUE NÃO SE CURVA NEM DIANTE DO ERRO. PEDIR PERDÃO NÃO ENFRAQUECE A IMAGEM DE UM PAI, MAS A FORTALECE. HUMANIZA O HOMEM, REFORÇA O VÍNCULO, TRANSMITE VERDADE. UM FILHO QUE VÊ O PAI PEDIR PERDÃO APRENDE DUAS LIÇÕES AO MESMO TEMPO: QUE TODOS ERRAM E QUE TODOS MERECEM UMA CHANCE DE CONSERTAR.

A Bíblia descreve o perdão como restauração e reconciliação. Em Efésios 4:32, está escrito: "Sede bondosos e compassivos uns com os outros, perdoando-vos mutuamente, assim como Deus os perdoou em Cristo". Esse versículo nos lembra que o perdão não nasce de uma obrigação moral fria, mas de um gesto de amor que já recebemos primeiro de Deus. Ele nos perdoou quando ainda éramos imperfeitos, e é desse exemplo que brota a força para perdoar dentro das nossas relações. Perdoar, portanto, não é apenas aliviar a consciência, mas recriar o vínculo, devolver dignidade ao outro e escolher novamente a comunhão.

Perdoar é um gesto ativo, corajoso, relacional. Não é passividade, é uma decisão. E é por incapacidade de tomar essa decisão que muitas famílias adoecem. Onde não há perdão, mágoas se acumulam, palavras não ditas viram muros e silêncios se transformam em abismos. Relações que poderiam florescer acabam murchando, não por falta de amor, mas por falta de reconciliação. O perdão, ao contrário, é como abrir uma janela em um quarto fechado: deixa entrar ar novo, renova o ambiente e devolve vida ao que parecia sufocado.

O problema é que muitos não pedem perdão porque nunca viram isso acontecer em suas famílias. Foram criados acreditando que autoridade é infalibilidade, que firmeza é sinônimo de frieza, que amar é só proteger, prover e instruir. Mas amar também é reparar e voltar atrás.

No fim, o perdão ensina algo que nenhuma disciplina ensina: vulnerabilidade com coragem. Brené Brown, que dedicou décadas a pesquisar esse tema, escreveu que "a vulnerabilidade soa como verdade e parece com coragem. A verdade e a coragem nem sempre são confortáveis, mas nunca são fraqueza". É justamente nesse espaço de verdade exposta e coragem praticada que o perdão encontra sua força transformadora. Ela completa ao falar sobre o perdão:

> "Perdoar não é apenas ser altruísta. É a melhor forma de autointeresse. É também um processo que não exclui o ódio e a raiva. Essas emoções fazem parte do ser humano. Você nunca deve se odiar por odiar outros que fazem coisas terríveis: a profundidade do seu amor é demonstrada pela extensão da sua raiva.
>
> No entanto, quando falo de perdão, refiro-me à crença de que você pode sair dessa situação como uma pessoa melhor. Uma pessoa melhor do que aquela consumida pela raiva e pelo ódio. Permanecer nesse estado o aprisiona em um estado de vitimização, tornando-o quase dependente do agressor. Se você conseguir encontrar em si mesmo a capacidade de perdoar, não estará mais acorrentado ao agressor. Você pode seguir em frente e até mesmo ajudar o agressor a se tornar uma pessoa melhor."

Em resumo, desculpas e perdão são dois dos maiores instrumentos para construir confiança. Confiança não se exige; se constrói. E toda vez que reconheço uma falha e peço perdão, coloco mais um tijolo nessa ponte invisível que liga meu coração ao deles.

Acredito que é isso que todo pai deve fazer, não apenas pelos filhos, mas por si mesmo. Porque não existe nada mais libertador do que olhar nos olhos de uma criança e perceber que, apesar dos erros, você pode ser perdoado, pode recomeçar, pode continuar sendo exemplo.

Na prática

Seis caminhos para aprender a perdoar

Perdoar não é um gesto simples nem automático. Muitas vezes é um processo demorado, que pode levar dias, meses ou até anos, dependendo da profundidade da ferida. Uma traição, por exemplo, pode exigir um longo caminho até ser vista sob a luz do perdão, enquanto um desentendimento com um filho ou até um xingamento de um desconhecido pode ser superado com mais rapidez. Independentemente da situação, aprender a perdoar é essencial para manter equilíbrio emocional e saúde nas relações. Aqui estão seis caminhos que podem ajudar:

1. **Entenda que o perdão é uma escolha pessoal.** Ele depende mais da sua atitude interna do que de mudanças externas.
2. **Não confunda perdoar com esquecer.** O que importa não é apagar o acontecimento, mas deixar de alimentar a ruminação constante sobre ele.
3. **Busque o perdão ativamente.** Essa decisão transforma pensamentos e diminui a chance de reviver experiências traumáticas.
4. **Reconheça suas emoções.** Raiva, vergonha e tristeza fazem parte do processo, mas é preciso ressignificar a situação para abrir um novo caminho emocional.
5. **Lembre-se do impacto físico.** O perdão ajuda a regular o cortisol, reduzindo respostas impulsivas e agressivas.

6. **Invista em autoconhecimento.** Estratégias como a psicoterapia podem apoiar esse processo, oferecendo recursos para lidar com traumas de forma saudável.

Perdoar não é esquecer o que aconteceu, mas escolher não carregar o peso para sempre.

24

HERANÇA DE SAÚDE: COMO NOSSOS HÁBITOS ESCREVEM O FUTURO DOS FILHOS

"A verdadeira felicidade é impossível sem verdadeira saúde, e a verdadeira saúde é impossível sem um rigoroso controle da gula." – **Mahatma Gandhi**

Este capítulo será maior, mais técnico e diferente de todos os outros. Isso porque falar sobre alimentação, saúde e cuidado com o corpo exige profundidade, afinal, tudo isso está diretamente ligado ao futuro dos nossos filhos. A verdade é que as escolhas que fazemos hoje, como pais, moldam não apenas o corpo físico deles, mas também o autocontrole, a disciplina, a qualidade do sono, a clareza mental e até a energia para brincar, estudar e viver.

Costumo dizer que não moramos em Campinas, Salvador, Curitiba ou Porto Alegre. Nós moramos no nosso corpo. Essa é a nossa casa definitiva – e, ao contrário de um endereço, não podemos trocá-la quando quisermos. Por isso, ela precisa ser cuidada com prioridade, atenção e carinho. E o modo como cuidamos de nós mesmos será, inevitavelmente, o modelo que nossos filhos irão seguir.

No nosso lar, alimentação é valor. Mas isso não significa neurose ou exagero. Tratamos tudo com naturalidade. Antes mesmo de termos filhos, Lalas e eu já cultivávamos hábitos saudáveis, cuidando da alimentação e da saúde com consciência. Assim, para nós, não é uma questão de esforço, mas de estilo de vida. Nossos filhos estão crescendo dentro desse padrão e entendem, desde cedo, que é normal escolher alimentos que nutrem, em vez de alimentos que apenas ocupam espaço no prato sem oferecer nada de valor.

Por exemplo, aqui em casa o glúten quase não aparece. Descobri minha intolerância, e mesmo quem não tem diagnóstico percebe mudanças significativas ao reduzir o consumo. Estudos mostram que o excesso de glúten pode provocar inflamação intestinal, desconforto digestivo, alterações na microbiota e, em algumas crianças, até impactos no comportamento e na cognição. Na prática: pão branco raramente está à mesa; bolacha recheada nunca entrou; massas só quando sabemos que foram feitas com bons ingredientes – e sempre com moderação.

Também reduzimos a lactose. Não somos radicais, mas sabemos que muitos derivados industrializados trazem mais prejuízos do que benefícios se consumidos em excesso. A escolha é por iogurtes naturais, queijos de boa procedência e doses moderadas.

Açúcar refinado, ultraprocessados, embutidos e industrializados simplesmente não fazem parte da rotina. Isso não exige esforço, porque nunca foi normalizado aqui dentro. Nossos filhos nunca pediram bolacha recheada, porque nunca conheceram. Eles bebem água – muita água. Em casa, 90% dos líquidos consumidos são água. Suco, só natural e em pequenas quantidades. Refrigerante, para nós, não existe. E, quando estamos em festas ou restaurantes, eles mesmos repetem:

"A gente não bebe refrigerante". Isso já se tornou parte da identidade deles, e o impacto vai muito além do que entra no prato ou no copo.

Enquanto escrevia este capítulo, revisitei alguns dados que mostram a importância dessa coerência entre discurso e prática. Por exemplo, o relatório *Designed to Move* (2016), referência internacional em saúde infantil, revelou que **filhos de pais que cultivam hábitos simples – como comer bem, se exercitar e manter rotinas claras de cuidado** – têm até 60% menos risco de obesidade, além de melhor desempenho escolar, mais foco e uma resiliência emocional muito acima da média.

Outro estudo, publicado no *The American Journal of Clinical Nutrition*, mostrou que **crianças cujos pais consomem frutas e vegetais regularmente têm cinco vezes mais chance de adotar esse padrão em suas próprias escolhas.**

Ou seja: não é o discurso que educa, é o exemplo. Cada refeição, cada caminhada, cada copo de água, cada noite bem dormida é um código silencioso que programa o futuro dos menores.

Mais do que campanhas públicas ou programas escolares, é o comportamento dos pais que molda os hábitos alimentares. Pesquisas em epigenética reforçam ainda mais esse ponto: o ambiente alimentar e os hábitos da infância podem literalmente "ligar ou desligar" genes relacionados à obesidade e doenças metabólicas. O que nossos filhos comem hoje afeta não só o presente, mas a vida toda.

Por isso, falo com naturalidade e convido-o a falar também. Explique que comida é energia, que é saúde, que dá força para correr, pensar e brincar. Mostre que não é esforço comer bem, mas privilégio. Diga que refrigerante não é bebida de quem quer ser rápido, forte ou inteligente. Ensine que doces são para ocasiões especiais, mas que prato colorido – com legumes, verduras, proteínas e cereais – é o verdadeiro combustível do corpo.

E, o mais importante: mostre. Deixe que vejam você bebendo água, escolhendo frutas no mercado com gosto, preparando legumes com prazer. Envolva-os no processo: deixe que lavem uma fruta, que escolham o lanche, que arrumem a mesa. Transforme isso em rotina e ritual, porque o impacto será profundo e duradouro.

Se hoje a sua alimentação ainda não está nesse caminho, não tem problema. É sempre possível começar, em qualquer idade, com qualquer histórico. Faça da mudança algo positivo, sem culpa ou rigidez. Explique que a família inteira vai trabalhar junto – e caminhem em direção a uma vida melhor.

Estudos complementam essa visão. Uma meta-análise publicada no *British Journal of Nutrition* mostrou que o comportamento alimentar dos pais é o principal preditor da qualidade da dieta dos filhos. Mais até do que qualquer outro fator isolado. O mesmo estudo mostrou que a simples presença de ultraprocessados em casa aumenta drasticamente as chances de consumo pelas crianças – mesmo quando não são oferecidos diretamente. Este é o motivo pelo qual nossos filhos nunca pediram bolacha recheada: ela simplesmente não existe no nosso ambiente.

O relatório *Designed to Move*, já citado, traz outros dados marcantes: crianças com padrões saudáveis de alimentação e atividade física têm 15% melhores resultados acadêmicos; têm 30% menos risco de doenças cardiovasculares ao longo da vida; e contam com o dobro de chances de se tornarem adultos ativos e produtivos.

Aqui em casa, gosto de explicar para os meninos que comida é combustível. E que, assim como não colocamos gasolina em um carro esportivo, também não devemos colocar qualquer alimento no corpo. Eles adoram falar de Ferrari, e eu sempre digo: "Para fazer uma Ferrari funcionar, só o melhor combustível serve". O corpo deles também.

Nossa rotina reflete isso em escolhas simples e consistentes: café da manhã sem industrializados; almoço colorido e equilibrado; lanches com frutas e castanhas; jantar leve e nutritivo; água o tempo todo.

Essas pequenas escolhas acumuladas criam uma rotina sólida e saudável. E, mais do que isso, constroem memórias. Quando eles ajudam a preparar uma refeição, escolhem a fruta no mercado ou decidem a cor do prato do dia, desenvolvem autonomia, responsabilidade e vínculo com a própria saúde.

Mas e se na sua casa refrigerante, doces e processados já fazem parte do dia a dia? A resposta não é guerra, é conversa. Explique que vocês vão fazer ajustes juntos. Que não se trata de culpa, mas de cuidado. Transforme o processo em algo gradual, possível e positivo.

Vale ressaltar que a FAO/OMS (2019) mostrou que a obesidade infantil dobrou em duas décadas nos países ocidentais, e a principal causa é o padrão alimentar familiar. E um estudo na *Pediatrics Journal* revelou que o risco de obesidade infantil é 80% maior quando ambos os pais têm sobrepeso ou obesidade.

Esses números não existem para condenar, mas para conscientizar. A mudança está nas nossas mãos. No fim, tudo se resume a isto: exemplo. As palavras contam, mas os hábitos falam mais alto. Se você lê mais do que olha para o celular, se bebe água antes de qualquer outro líquido, se saboreia um prato de frutas e legumes, seus filhos vão imitar. Portanto, seja consciente.

Para relembrar

O corpo é a casa definitiva dos nossos filhos. Ensinar a cuidar bem dessa casa é uma das maiores responsabilidades e heranças que podemos deixar. E nunca se esqueça: você não mora apenas em uma cidade, você mora no seu corpo. E seus filhos, no corpo deles. Ensine-os a cuidar desse lar desde cedo, com atenção, carinho e prioridade.

Como eu cuido da minha saúde mental e emocional para ser o pai que eles precisam

Percebi que minha saúde mental e emocional seria exigida de um modo diferente na primeira vez em que vi meu filho chorando à noite. Poderia soar como birra, mas não era. Era cansaço expressado com emoções, já que, com apenas dois anos, ele ainda não sabia colocar o que sentia em palavras. Logicamente ele não iria me mandar uma mensagem dizendo "Pai, estou exausto, fora da rotina, pode me ajudar a dormir?". O choro era a linguagem legítima dele. E foi nesse momento que compreendi: para ser o pai que ele precisava, eu teria que cultivar paciência, empatia, disposição e sensibilidade.

Outro momento decisivo foi compreender que eu precisaria cuidar da Larissa, minha esposa, sobretudo nos primeiros meses após o nascimento dos nossos filhos. O puerpério não é fácil: traz uma avalanche hormonal, emocional, física e psicológica. E cabe a nós, pais conscientes, ser apoio, base e alicerce. Isso não é poesia, é necessidade urgente.

Estudos confirmam que o primeiro ano após o nascimento é um dos períodos mais críticos para casais, com índices elevados de separação e conflito. Quando tive contato com essa informação pela primeira vez, ainda em 2002, durante minha pós-graduação em fisiologia do exercício, eu estava longe de ser pai. Mas aquele conhecimento ficou comigo. A alteração hormonal, a oscilação de neurotransmissores, a privação de sono e o cansaço físico criam um terreno fértil para desentendimentos. Sem maturidade emocional, até os relacionamentos mais sólidos podem estremecer.

Dados recentes provam o quanto isso é real. O *Journal of Family Psychology* aponta que mais da metade dos casais relata queda na satisfação conjugal durante o primeiro ano pós-parto. Não porque o amor diminui, mas porque o estresse aumenta.

A Universidade de Denver reforça: pais que cuidam ativamente da própria saúde mental reduzem os impactos negativos desse período, tanto para si mesmos quanto para as mães.

Foi por isso que defini minha ordem de prioridades: **saúde, família, trabalho.** Sempre nessa sequência.

- Primeiro a saúde – porque sem ela não protejo ninguém...
- Depois a família – porque é ela que me sustenta...
- Por último, o trabalho – meio de prover, servir e deixar legado...

Mas, na prática, como eu cuido da minha saúde mental e emocional para ser o pai que meus filhos precisam?

O primeiro ponto é a qualidade dos pensamentos. Eu vigio aquilo que penso, porque pensamentos moldam sentimentos e sentimentos moldam atitudes. Aprendi a diferenciar cansaço de desistência. Quando estou cansado, eu descanso. Não desisto. Essa distinção mudou minha vida e é algo que ensino a mim mesmo antes de ensinar a eles.

O segundo ponto é o olhar sobre a Larissa. Nunca confundi as oscilações emocionais do pós-parto com verdades absolutas sobre o nosso relacionamento. Sempre soube que era uma fase. Minha missão era ser a base, transmitir serenidade e fornecer apoio incondicional. Muitos homens falham aqui porque interpretam reações da mãe como ataques pessoais. Não são. São apenas sintomas de um corpo e de uma mente em transição.

O terceiro ponto foi aprender a não cristalizar fases temporárias. O puerpério não é uma fotografia definitiva da vida. É um processo. Haverá menos horas de sono, menos rotina, menos performance física. Mas nasceu um filho, e junto com ele nasceu um novo homem: o pai. Esse novo homem precisa de tempo e consciência para se ajustar à nova identidade.

Além disso, entendi que minha saúde física e espiritual são aliadas diretas do meu estado emocional. O corpo precisa se mover, descansar e se alimentar bem. A mente precisa de respiro, leitura e silêncio. E o espírito precisa de valores sólidos, fé e esperança. Quando cuido dessas dimensões, chego inteiro para a minha família.

Meus filhos não precisam que eu seja perfeito, apenas que eu esteja bem. Precisam me ver pedindo desculpas quando erro, mantendo clareza nas emoções, sendo firme sem perder o afeto. Precisam de um pai presente, não de um pretenso super-herói cansado e amargo.

Por isso, faço um desafio: cuide da sua saúde mental e emocional não apenas por você, mas também por sua esposa e seus filhos. Cada gesto de autocuidado é um gesto de proteção. Cada decisão que preserva sua paz interna é também uma decisão que protege aqueles que você mais ama.

Ser pai exige resiliência, equilíbrio e energia, especialmente nos dias de noites maldormidas, nos choros inexplicáveis, nos ajustes dolorosos da vida familiar. Pai que cuida de si está mais apto a cuidar dos outros.

Na prática

Dez princípios de saúde para praticar e transmitir aos seus filhos

Ao longo dos anos, venho ensinando milhares de pessoas sobre performance, liderança e propósito. Mas, acima de tudo, aprendi que a base de qualquer alta performance é a saúde. Sem saúde, não há energia, não há foco, não há consistência. Aqui está um resumo de como encaro esse tema na minha vida:

1. **Saúde vem primeiro.** A ordem das minhas prioridades é clara: saúde, família e trabalho. Sempre nessa sequência.
2. **Performance começa no corpo e na mente.** Se eu não cuido de mim, não consigo entregar alta performance em nenhuma área.
3. **Coragem para decidir.** Já recusei oportunidades que muitos considerariam únicas porque entendi que minha saúde mental e meu bem-estar familiar eram mais importantes.
4. **Consistência é mais forte que motivação.** A mentalidade de atleta só faz sentido se se traduzir em hábitos diários, não em frases de efeito.
5. **Falhar não é desistir.** Houve fases em que deixei a saúde de lado e ganhei peso. Mas escolhi retomar o caminho, com disciplina e clareza.
6. **Saúde é integral.** Não separo físico, emocional e familiar. Tudo faz parte de uma mesma base.
7. **Disciplina e autoconsciência.** Todos os dias vigio meus hábitos, meus pensamentos e minhas escolhas, porque sei que eles constroem meu futuro.

8. **Sono e nutrição são tão importantes quanto treino.** Exercício é essencial, mas não se sustenta sozinho. O corpo precisa descansar e ser bem alimentado.
9. **Um líder saudável inspira mais.** Se quero liderar pessoas, preciso ser exemplo em energia, clareza e equilíbrio.
10. **Resiliência emocional é saúde.** Saber reconhecer meus limites, recomeçar e não me deixar consumir pelo estresse é parte do meu treino diário.

25

ESPIRITUALIDADE

"Meu apelo por uma revolução espiritual não é um apelo por uma revolução religiosa." **– Dalai Lama**

O que você pensa sobre Deus, Cristo, igreja, fé, culto? Você segue ou pratica alguma religião específica? É a mesma que seus pais seguiam?

Essas perguntas sempre aparecem quando tocamos no tema da espiritualidade. E fazem sentido, porque, para muita gente, falar de Deus está automaticamente ligado a uma religião, a uma tradição herdada ou a um ritual específico. Mas a espiritualidade vai além disso. Ela pode ser entendida como a propensão humana de buscar significado para a vida por meio de algo que transcende o tangível, na procura por uma conexão com algo maior do que si mesmo. Essa busca pode – ou não – estar vinculada a uma prática religiosa.

Aqui em casa não desprezamos a espiritualidade, mas escolhemos vivê-la de forma simples, amorosa e acessível. Não seguimos um rito formal, mas cultivamos diariamente a consciência de que existe um Criador, uma presença maior que inspira, protege e dá sentido ao nosso viver. Nossa prática espiritual é próxima, humana e cotidiana. Não está restrita a um livro ou a um dogma, mas aparece nas conversas simples, nas perguntas puras, nas observações sobre a natureza, no modo como conduzimos a vida.

Desde pequenos, nossos filhos ouvem falar de Deus como o Criador de tudo. Quando perguntam quem fez o mar, as árvores, os animais ou as estrelas, respondemos com naturalidade: "Foi o Papai do Céu". E eles recebem essa resposta com aquele brilho de encantamento próprio da infância.

Todas as manhãs, quando Lalas leva as crianças para a escola, ela faz uma oração curta: "Deus abençoe suas vidas, que aprendam coisas novas hoje, que tenham alegria e proteção. Papai do Céu se orgulha de vocês". Eles recebem essas palavras como parte natural da rotina e, quase sem perceber, assimilam a certeza de que há uma presença maior cuidando deles. À noite, antes de dormir, nos recolhemos com reverência: agradecemos, pedimos bênçãos e reafirmamos que existe algo além do visível que guia e protege.

Penso que assim eles poderão crescer com a certeza de que Deus não é distante nem abstrato, mas próximo, real e confiável. Apresentamos o Pai a eles não com ameaça nem imposição. Associamos sua figura a amor, bondade e justiça. É a inspiração suprema para cuidar dos amigos, respeitar os professores, ser grato, generoso e compassivo. Falamos de valores eternos como parte do que Deus nos ensina, e vivemos isso na prática: ajudando alguém, sendo gentis, cuidando do ambiente, agindo corretamente mesmo quando ninguém vê.

AQUI EM CASA, DEUS NÃO É SINÔNIMO DE MEDO, CULPA OU OBRIGAÇÃO. FALAMOS D'ELE COMO PRESENÇA QUE CONSOLA, INSPIRA E ORIENTA. A ESPIRITUALIDADE, PARA NÓS, É UMA FORMA DE TRADUZIR O INVISÍVEL EM GESTOS CONCRETOS DE BONDADE, CUIDADO E PROPÓSITO.

Quando ensinamos sobre justiça, verdade ou integridade, não tratamos como simples regras de convivência, mas como reflexos do caráter de Deus. Não precisamos de discursos teológicos complicados: basta mostrar, pelo exemplo e pela palavra, que Ele existe, que está próximo e que se importa.

Como pai, meu objetivo não é impor fórmulas prontas, mas abrir espaço para que meus filhos construam uma relação viva e saudável com a espiritualidade. Quero que, ao crescerem, tenham liberdade para escolher sua fé ou sua comunidade religiosa, mas que guardem no coração a convicção de que há um sentido que sustenta a vida – um sentido que é bom, confiável e cheio de esperança.

Se pudesse traduzir em quatro pontos a essência da nossa espiritualidade, seriam estes:

1. Deus criou todas as coisas;
2. Deus é fonte de bondade;
3. Deus cuida de nós;
4. E os valores mais altos da vida – respeito, gratidão, generosidade, verdade, compaixão – encontram Nele sua origem.

É neste espírito que seguimos: cultivando uma espiritualidade simples, sem rótulos, mas profundamente enraizada no que realmente importa.

Fé também é ciência

Hoje, até mesmo a ciência reconhece o que antes parecia restrito à fé. A Organização Mundial da Saúde já considera o bem-estar espiritual como parte essencial do conceito de saúde, ao lado do físico, do mental e do social. Isso significa que espiritualidade não é apenas crença, mas também cuidado com a vida em sua totalidade.

26

TELAS, TECNOLOGIA E EXEMPLO

"A tecnologia é um servo útil, mas um mestre perigoso." – **Christian Louis Lange**

Você sabia que os maiores nomes da tecnologia – justamente aqueles que criaram os dispositivos e aplicativos que hoje consomem nosso tempo – foram os primeiros a restringir o uso desses dispositivos dentro de casa?

Steve Jobs não permitia que seus filhos brincassem livremente com o iPad.

Bill Gates proibiu celulares na mesa de jantar e controlava rigorosamente o tempo de tela.

Evan Spiegel, CEO do Snapchat, junto com sua esposa, Miranda Kerr, limitava a apenas uma hora e meia por semana o acesso dos filhos às telas.

Shou Chew, atual CEO do TikTok, também restringe o uso da plataforma pelos próprios filhos.

Eu poderia citar outros exemplos, mas esses já são suficientes. O ponto é que, se até os arquitetos do mundo digital levantam barreiras, talvez exista aqui um aviso para nós, pais comuns: a tecnologia pode ser útil, mas o uso sem limites cobra um preço alto no desenvolvimento emocional, social e cognitivo das crianças.

Ao refletir sobre como as telas hoje estão praticamente onipresentes na vida de nossas crianças, fui entender o que a ciência diz sobre o assunto. Aqui estão alguns dados que reuni:

- Mais de duas horas por dia aumentam o risco de TDAH.
- Tempo excessivo com vídeos, jogos e redes sociais está ligado a sintomas de depressão e ansiedade.
- O uso noturno prejudica o sono, pois a luz azul inibe o hormônio do descanso.
- Os primeiros anos são cruciais: quanto mais telas, menos estímulos essenciais para a linguagem, cognição e autorregulação.
- Conteúdo educativo com acompanhamento pode melhorar o aprendizado; assistir sozinho, por horas, prejudica.
- Um estudo mostrou aumento de 83% nos sintomas de TDAH em pré-escolares expostos a telas em excesso.
- Uma meta-análise com quase trezentas mil crianças identificou associação entre uso prolongado e sintomas de depressão, ansiedade e dificuldades de relacionamento.
- A OMS recomenda menos de uma hora por dia de telas para crianças entre dois e quatro anos.

- A Academia Americana de Pediatria sugere: entre dois e cinco anos, até uma hora por dia de conteúdo educativo; a partir dos seis, equilibrar tempo de tela com sono, atividade física e qualidade do conteúdo.

Depois de conhecer esses dados que associam o excesso de telas ao aumento dos sintomas de TDAH, por exemplo, tomamos uma decisão simples, mas firme: João, Joaquim e Pedro não teriam tablets ou acesso livre às telas na primeira infância. Antes dos seis anos, nosso foco estaria no desenvolvimento da atenção, da imaginação e da emoção, sem a interferência constante do estímulo digital.

Quando me deparei com pesquisas que mostravam a relação entre tempo de tela, depressão e dificuldades sociais, compreendi que o uso passivo – apenas assistir sem interagir – podia agravar emoções e gerar vazio. Foi aí que passamos a selecionar conteúdos educativos com mais critério e, principalmente, a acompanhar esse tempo juntos. Assistimos ao lado deles, comentamos, fazemos perguntas e transformamos o momento em aprendizado ativo, não em isolamento.

De acordo com as recomendações oficiais da OMS e da Academia Americana de Pediatria, decidimos estabelecer uma rotina clara. Se assistem, é por no máximo uma hora por dia, sempre com conteúdo de qualidade, e em companhia. Aproveitamos esses instantes para intervir de forma positiva, mostrando conexões com a vida real: "Viu essa palavra nova? Entendeu como funciona isso no mundo?".

Assim, o tempo de tela deixa de ser apenas distração e passa a ser uma oportunidade de aprendizado acompanhado e consciente. A partir disso, criamos quatro princípios simples que orientam nossas escolhas diárias quando se trata de tecnologia:

1. falamos abertamente sobre os riscos para atenção, sono e emoções;
2. deixamos claro que os limites são escolha, não censura;
3. seguimos a regra de até uma hora por dia, sempre com qualidade e companhia;
4. oferecemos constantemente alternativas: bola no quintal, livros, desenho, criação.

AS TELAS NÃO SÃO VILÃS EM SI. O PROBLEMA COMEÇA QUANDO SUBSTITUEM O QUE É INSUBSTITUÍVEL: A PRESENÇA, O BRINCAR, A NATUREZA, O ESPORTE, A CRIATIVIDADE.

Não excluímos a tecnologia, porque ela faz parte da vida contemporânea. Mais cedo ou mais tarde, eles terão que lidar com ela de forma autônoma. Mas também não deixamos que ela invada os momentos dedicados ao movimento, ao diálogo e ao aprendizado humano.

Prefiro clareza a censura, critério em vez de proibição, escolha em vez de excesso passivo. Eles me veem lendo mais do que rolando o celular, praticando esportes mais do que assistindo. Sabem que corpo, mente e coração precisam de estímulos reais e constantes.

No fim, a lição é simples: responsabilidade com as telas não é apenas contar horas, mas cultivar o que acontece fora delas. É priorizar o que constrói caráter, memória e saúde. É formar adultos capazes de escolher, de forma livre e madura, quando olhar para uma tela – e quando olhar para a vida.

27

COMO FALAR DE SEXO COM SEUS FILHOS

"A sexualidade é uma parte importante da vida, e não algo a ser reprimido ou evitado." – **William Masters e Virginia Johnson**

Este capítulo surgiu quase de forma inesperada. Ele não estava no planejamento inicial do livro, mas nasceu de uma provocação durante um encontro de mentoria no CLAX Club. A grande estudiosa da infância e da educação, psicóloga e empresária Leiliane Rocha lançou:

"Joel, você vai escrever um livro sobre paternidade. Inclua já o tema da educação sobre o corpo e privacidade, porque muitos pais simplesmente não sabem como fazer isso. E justamente por ser cedo, você deve mostrar como faz, sem tabu."

Minha resposta foi imediata:

"Mas, Leiliane, meus filhos ainda são pequenos."

Ela me olhou com a calma e a sabedoria que lhe são próprias e devolveu:

"Exatamente por isso. Você tem a oportunidade de mostrar o quanto essa abordagem inicial pode ser natural, sem medo e sem vergonha."

A fala dela mexeu comigo.

Levei a conversa para casa, compartilhei com a Lalas e com minha irmã, mãe da Desirê. Foi minha irmã quem me disse algo profundo:

"Mesmo você não sendo pai de menina, os meninos vão aprender como tratar meninas ao longo da vida observando como você trata a mãe deles, a Lalas, e as mulheres ao redor."

Foi então que percebi: o exemplo que damos na prática é o maior ensino. Eles estão o tempo todo observando, muito mais do que imaginamos.

Decidi, então, incluir este capítulo. Ele tem uma função muito clara: abrir espaço para que pais possam falar desse tema cedo, com naturalidade, no nível que a criança consegue compreender, sem tabu.

Aqui em casa, começamos de forma simples. Desde os primeiros banhos, desde a troca de fraldas, usamos palavras corretas, mas ao mesmo tempo acessíveis. Eu, por exemplo, costumo usar "peru" para me referir ao pênis. É um termo infantilizado, mas entrou naturalmente no vocabulário das crianças e cumpre bem a função: dar clareza sem constrangimento.

O fundamental, para mim, é que eles entendam que partes íntimas merecem respeito, que ninguém pode tocar nelas sem permissão e que o corpo precisa ser preservado. Esse ensinamento acontece aos poucos, em conversas breves que surgem no cotidiano. Se durante uma brincadeira algum deles faz referência ao corpo, aproveito para dizer:

"Essa parte do corpo é só sua. Ninguém deve tocar aí. E se alguém tocar, você precisa contar para o papai e para a mamãe."

São frases curtas, naturais, adaptadas ao que conseguem entender no momento. Não aprofundo, porque sei que ainda não é hora de elaborar demais, mas já estou construindo um espaço seguro, em que a conversa sobre o corpo sempre será possível.

O mais importante é que tudo isso acontece sem tabu, sem risadinhas, sem desvio de olhar. Quando perguntam "Papai, por que meninos têm peru e meninas não?", eu respondo de forma simples: meninos e meninas têm corpos diferentes, e cada corpo precisa ser respeitado. Só isso. Sem histórias mirabolantes, sem enrolação.

Faço também questão de ensinar que brincadeiras invasivas não são aceitáveis. Se percebo que estão brincando de forma a ultrapassar o espaço do outro, paro e digo: "Essa brincadeira não está certa. Precisamos respeitar o corpo do outro, precisamos respeitar o espaço do outro". Falas como essa, repetidas no cotidiano, vão construindo neles a noção de respeito e de consentimento.

Ao escrever este capítulo, também busquei pesquisas para embasar essa prática. Descobri que crianças que aprendem cedo a nomear corretamente as partes do corpo e a entender que essas áreas precisam ser preservadas desenvolvem uma autoestima corporal mais saudável e se tornam menos vulneráveis a abusos.

Por exemplo, a *American Academy of Pediatrics* reforça que educar sobre privacidade desde cedo reduz significativamente o risco de situações abusivas. Um estudo publicado no *Child Abuse & Neglect Journal* mostra que crianças instruídas precocemente sobre limites corporais têm mais confiança para relatar quando algo as incomoda.

Esses dados confirmam o que já vivenciamos em casa: falar sobre corpo e respeito desde cedo é não só saudável, mas também necessário. E pode ser feito de forma leve, acessível e adequada para a idade. Não precisa virar "a grande conversa séria", nem gerar constrangimento. São microconversas espalhadas pelo dia, que juntas constroem segurança emocional, consciência e responsabilidade.

Por isso, o convite que deixo aqui para outros pais é simples: não espere que esse tema chegue de fora, pela escola, pela internet ou pelos colegas. Antecipe-se. Traga você mesmo, pouco a pouco, as ideias de privacidade, respeito ao corpo e espaço pessoal. Use as palavras que façam sentido na sua casa. Aqui, usamos "peru". Em outras famílias pode ser diferente. O importante é que seja natural, sem vergonha, sem tabu.

Não ache que é algo precoce, porque o amor se antecipa. Foi isso que aprendi naquela troca com a Leiliane, e é por isso que este capítulo está aqui: como um presente para outros pais que, assim como eu, desejam ser presença ativa, respeitosa e cuidadosa desde o começo. Mesmo que seus filhos sejam pequenos, comece agora. Não espere que o mundo dê o primeiro passo. Mostre, desde já, que você é a fonte segura para todas as dúvidas – das mais simples às mais complexas, que, inevitavelmente, um dia virão.

Conselhos para falar de sexo com crianças

- **Comece cedo, de forma simples.** Não espere a adolescência. Desde pequenos, ensine os nomes corretos do corpo e a diferença entre partes íntimas e não íntimas. Isso dá consciência e segurança.
- **Use a linguagem adequada à idade.** Crianças pequenas precisam de explicações curtas e claras ("o bebê cresce na barriga da mamãe"), enquanto adolescentes precisam de conversas abertas sobre responsabilidade, consentimento e consequências.
- **Não transforme em tabu.** Se você evita o assunto ou muda de conversa, a criança aprende que sexo é algo vergonhoso. Isso abre espaço para ela buscar respostas em fontes erradas (internet, amigos etc.).
- **Associe com valores.** Falar de sexo não é só biologia. Trata-se de respeito, amor, responsabilidade, limites, confiança e dignidade. Construa a visão que você quer que seu filho leve para a vida.
- **Ensine consentimento desde cedo.** Mesmo em coisas simples como abraços ou beijos. A criança precisa entender que o corpo dela é dela e que o do outro merece respeito.
- **Explique riscos de forma honesta.** Gravidez precoce, infecções sexualmente transmissíveis, abusos – adapte a linguagem, mas não esconda a realidade. Clareza é proteção.
- **Não terceirize.** A escola pode ajudar, mas a voz que mais pesa na formação é a dos pais. Assuma o papel de guia, não de censor.

- **Converse mais de uma vez.** Não basta “uma conversa sobre sexo”. São muitas conversas, em fases diferentes, ao longo do crescimento.
- **Escute mais do que fala.** Pergunte o que eles já ouviram, o que pensam, de onde veio a informação. Muitas vezes, só corrigir equívocos já resolve.
- **Dê exemplo.** O modo como você trata seu cônjuge, fala de amor, respeita o próprio corpo e o do outro ensina mais do que mil discursos.

28

CÓDIGOS INTERNOS

"A palavra é a sombra da ação." – **Demócrito**

Aqui em casa nós temos códigos. Não são códigos secretos como os de filmes de espionagem, mas frases curtas, simples na forma e gigantes no significado. São como mantras familiares. Palavras que se repetem tanto que acabam se tornando parte da identidade dos meus filhos.

Esses códigos não são apenas frases. São âncoras emocionais. São mapas que ajudam meus filhos a interpretar o mundo, enfrentar os desafios e confiar em si mesmos. São pequenas sementes de linguagem que, regadas pela repetição, criam raízes profundas no coração deles.

O mais forte de todos é um ritual que se tornou quase automático no nosso lar:

"Todo dia a gente aprende uma coisa nova."

Parece simples, mas é poderoso. Cada vez que digo isso, estou ensinando que aprender não é só tarefa escolar, mas uma filosofia de vida. Significa manter-se aberto, curioso, disposto a crescer continuamente. Significa lembrar que o ontem já passou e que o hoje traz novas possibilidades.

Por trás dessa frase existe um valor ainda maior: confiança. Acredito que a maior herança que posso deixar para meus filhos não é dinheiro, patrimônio ou conquistas. É autoconfiança. E se eu pudesse ensinar apenas uma coisa, apenas um princípio, seria este: confiar neles mesmos mais do que em qualquer outra pessoa.

Às vezes imagino esta cena como uma parábola: numa noite, Deus entra no meu quarto e me diz:

"Joel, a partir de agora você só pode ensinar uma única coisa para seus filhos. Qual será?"

Surpreso, eu hesito por um instante. Depois, sem titubear, respondo:

"Vou ensinar meus filhos a confiarem neles mesmos mais do que em qualquer outra pessoa."

Esse é o eixo central que guia tudo o que faço. Quando incentivo meus filhos a enfrentarem um desafio, quando os encorajo a levantar depois de uma queda, quando corrijo, quando conto histórias, quando compartilho aprendizados, tudo está alinhado a este propósito: desenvolver autoconfiança.

Mas autoconfiança não nasce do nada. Não surge de elogios vazios ou promessas fáceis. Ela se constrói com pequenas vitórias diárias, com a experiência de cair e levantar, com a repetição do esforço, com a coragem de errar e tentar de novo. É por isso que outro dos nossos códigos é:

"Se quiser ser bom em alguma coisa, tem que treinar."

Essa frase já virou brincadeira séria em casa. Quando começo a falar, eles completam automaticamente. E eu adoro isso. Porque entendo que eles não estão apenas repetindo palavras, mas absorvendo um princípio. Treinar não é só praticar. É aceitar errar, ajustar e recomeçar. É transformar a tentativa em processo. E o processo em conquista.

Esses códigos se entrelaçam e formam uma teia de significados.

"Todo dia a gente aprende uma coisa nova" significa: não importa o que aconteceu ontem, hoje é sempre um recomeço; "Se quiser ser bom em algo, tem que treinar" significa: esforço vence talento quando o talento não se dedica; "Confie em você" significa: tudo o que você precisa já está aí dentro.

São frases curtas, mas carregadas de intenção. Elas não surgem ao acaso. Não são jogadas no ar. Eu as repito porque sei que palavras moldam destinos. E sei também que um dia, quando eu não estiver mais aqui, meus filhos ainda ouvirão essas frases ecoando dentro deles. Na hora da prova difícil, do jogo decisivo, do conflito no trabalho, da escolha corajosa, eles vão lembrar. E vão ter um norte.

POR ISSO EU DIGO: SE VOCÊ AINDA NÃO CRIOU CÓDIGOS INTERNOS COM SEUS FILHOS, COMECE HOJE. NÃO PRECISA SER COMPLICADO. ESCOLHA FRASES CURTAS, SIMPLES, MAS QUE TRANSMITAM VALORES PROFUNDOS. REPITA TODOS OS DIAS. FAÇA DISSO PARTE DA ROTINA, COMO QUEM DEIXA PISTAS SECRETAS DE AMOR E CORAGEM. ESSES CÓDIGOS NÃO SERÃO APENAS PALAVRAS: SERÃO O PATRIMÔNIO EMOCIONAL DA RELAÇÃO DE VOCÊS.

E lembre-se: códigos não funcionam se não forem vividos. Não basta falar, é preciso encarnar. Seus filhos precisam ver você treinando, aprendendo, confiando em si mesmo. Só assim as frases deixam de ser palavras soltas e se transformam em verdade.

No fim, o que fica não são discursos longos, mas pequenas frases que viram parte da alma deles. Códigos que atravessam o tempo. Sementes que, um dia, florescem.

Na prática

Como criar seus códigos internos

1. **Escolha frases curtas e simples.** Nada de sermões. Uma ou duas linhas já bastam.
2. **Dê significado emocional.** Cada frase precisa carregar um valor que você quer transmitir.
3. **Repita com constância.** Repetição é a mãe da memória. Diga todos os dias, em diferentes situações.
4. **Viva o que ensina.** Seus filhos vão acreditar mais no que você faz do que no que você fala.
5. **Transforme em ritual.** Crie momentos específicos: antes de dormir, no café da manhã, no caminho para a escola.

29

O ERRO QUE COMETI COMO PAI (E O QUE APRENDI COM ELE)

"O único homem que nunca comete erros é aquele que nunca faz coisa alguma." **– Theodore Roosevelt**

Sempre acreditei que os erros dos pais não nascem da falta de amor, mas das marcas que carregam das suas próprias criações. Percebo isso com clareza na minha história. Quando nos tornamos pais, não chegamos com uma página em branco. Chegamos com bagagem. Histórias, experiências, crenças e verdades que absorvemos, muitas vezes sem questionar. É como se herdássemos um pacote invisível de normas, restrições e perspectivas sobre o mundo, transmitido de geração em geração.

Algumas dessas crenças são preciosas: honestidade, disciplina, educação, respeito aos mais velhos... São valores que permanecem e que faço questão de cultivar nos meus filhos. Mas outras podem ser limitadoras. São frases, posturas e reações que, sem intenção, acabam estreitando a visão que uma criança poderia ter sobre si mesma e sobre o mundo. Isso ficou muito evidente num episódio que nunca esqueci...

Estávamos em nossa casa – uma casa ampla, confortável, com quinhentos metros quadrados, jardim, piscina, espaço. Muito maior do que a casa onde cresci, maior ainda do que a de meus pais. Ali, no ambiente em que nasceu, meu filho João, ainda bem pequeno, disse de repente:

"Pai, essa casa é pequena. A gente precisa de uma maior."

Minha reação foi automática, quase um reflexo. Respondi no tom de quem tenta corrigir um equívoco:

"Como assim, João? Essa casa é enorme!"

Mas antes mesmo de concluir o sermão, a ficha caiu. Eu estava projetando nele os meus referenciais, a minha história, as minhas memórias de escassez. Para mim, aquela casa era um palácio. Para ele, que só conhecia aquele espaço, era apenas o normal. O "erro" não era dele – era meu.

Foi nesse instante que caí na real: eu não quero que meus filhos enxerguem o mundo apenas pela lente da minha história, dos meus limites e dificuldades. Quero que construam as próprias lentes, a partir das oportunidades e possibilidades que têm diante de si.

Naquele momento, mudei de postura. Olhei para João e disse:

"É, filho... você acha que a gente precisa de mais espaço? Me conta: por que você acha isso? O que você gostaria que tivesse mais?"

Ele me respondeu com a naturalidade de uma criança. Não falava em tom de ingratidão, mas de curiosidade, imaginação, expansão.

Estava apenas expressando como sentia o espaço à sua volta. E eu, sem querer, quase havia bloqueado esse pensamento.

Quantos pais fazem isso todos os dias, sem perceber? Quantos ensinam, com frases automáticas, que certas coisas não são possíveis só porque na infância deles realmente não eram? Esta é a armadilha invisível: tentar proteger os filhos, obrigando-os a enxergar o mundo pela lente da escassez, do medo, da dificuldade – quando eles poderiam enxergar com mais amplitude, leveza e possibilidades.

Nos anos atuando como mentor, ouvi centenas de adultos reconhecerem que seus limites na carreira, no dinheiro ou nos relacionamentos nasceram de frases que ouviram em casa: "Dinheiro não cresce em árvore", "A vida é dura", "Melhor se contentar com pouco", "Se quiser ganhar dinheiro, tem que sofrer". São frases ditas com a intenção de proteger, mas que se transformam em crenças, moldando comportamentos, escolhas e até a medida da ambição. Foi aí que compreendi:

LIMITAR A VISÃO DE UMA CRIANÇA NÃO A TORNA MAIS RESPONSÁVEL OU MADURA, APENAS A LIMITA. A VERDADEIRA EDUCAÇÃO NÃO ESTÁ EM REDUZIR HORIZONTES, MAS EM AJUDAR A CONSTRUÍ-LOS DE FORMA SAUDÁVEL, REALISTA E GENEROSA.

Desde então, mudei minha abordagem. Sempre que meus filhos dizem algo diferente daquilo que penso, em vez de corrigir de imediato, eu pergunto:

"Por que você acha isso, filho?";
"O que você gostaria de fazer?";
"Como você imagina isso?".

Primeiro, escuto; depois, mostro caminhos; em seguida, explico os esforços necessários e ajudo a conectar desejo e realidade.

Essa postura é libertadora para eles e para mim. E é o que sugiro a qualquer pai ou mãe: observe suas reações automáticas. Antes de dizer "não pode", "não precisa", "não faz sentido", respire, pergunte, ouça. Muitas vezes, seu filho não está sendo ingrato. Está apenas revelando que já tem uma forma própria de ver o mundo. E cabe a você ajudá-lo a expandir essa visão sem esmagá-la.

Esse aprendizado me transformou. Percebi que errar faz parte, e que só erra quem está presente. Mas quem aprende rápido com o erro e ajusta o rumo, educa de verdade.

O maior erro que cometi com meu filho, ele nem percebeu. Mas eu percebi. E, felizmente, corrigi a tempo. Este capítulo é o convite para que você também identifique onde estão as projeções invisíveis que podem limitar seus filhos – e que faça os ajustes enquanto ainda é cedo.

Na prática

Antes de corrigir, faça perguntas. Procure entender a origem do comentário da criança e, sobretudo, evite projetar suas próprias dores e limitações no olhar dela. Em vez de bloquear a visão, mostre que existe um caminho entre o que ela deseja e o que de fato é possível – e ajude a construir esse caminho junto. Trabalhe para que ela aprenda a perceber o mundo dela, com as próprias referências, sem ficar presa apenas ao seu passado.

30

CARTA ABERTA AOS PAIS QUE ESCOLHERAM ESTAR PRESENTES

Caro leitor,

Você já deve ter ouvido a expressão "o pai saiu para comprar cigarro e nunca mais voltou". Essa frase virou uma piada popular, mas, no fundo, ela reflete uma ferida aberta. Trata-se de um símbolo do abandono paterno, da ausência do homem que não entendeu a grandeza da sua responsabilidade.

Estou certo de que o caos da sociedade, em grande medida, é consequência direta da crise generalizada de paternidade. Porque quando os homens falham em ser pais, o resultado desastroso aparece nos lares despedaçados, nas ruas, nas escolas, nas cadeias e nos cemitérios. É na ausência do pai que a delinquência encontra espaço para crescer, que a irresponsabilidade se multiplica, que as drogas viram refúgio e que a violência se perpetua.

Entretanto, quando um homem escolhe ser pai de verdade – um pai presente, firme, amoroso e consciente –, ele planta a semente da mudança. E é assim que…

...bons pais formam boas famílias...

...boas famílias formam bons cidadãos...

...bons cidadãos fazem do país um lugar melhor...

...e um país melhor constrói um mundo
mais justo, saudável e humano.

Chegamos ao fim deste livro, pai, e meu desejo é que você receba cada página como um presente. Não o escrevi para lhe dar uma listinha de fórmulas prontas, mas para lembrar que você não faz parte da geração de homens que saíram para comprar cigarro. Você está aqui, escolheu estar presente, e isso, por si só, é fantástico.

Deixo claro que este não é um manual infalível, nem um compêndio de respostas definitivas. É apenas um guia honesto, que reflete os erros e acertos da vida real. Cada capítulo aqui foi escrito para provocar, inspirar e, sobretudo, lembrar que a paternidade não se terceiriza.

Lembre-se: ser pai não é só colocar comida na mesa, pagar escola, dar roupa e brinquedo. Isso é o básico. Ser pai é permanecer, é olhar nos olhos, é corrigir sem humilhar, é rir junto, é segurar firme e soltar na hora certa, é ser porto seguro no caos e farol nas noites escuras.

Eu sei, esse é um trabalho que exige energia, paciência e coragem. É cansativo, às vezes exaustivo, mas também é transformador. E a verdade é uma só: estar presente é o maior tesouro que você pode dar aos seus filhos.

Três perguntas precisam ser respondidas todos os dias:

"Que sinais você está deixando?"

"Que legado você está construindo?"

"Que palavras ditas seus filhos vão carregar quando crescerem?"

Ao longo destas páginas, você viu que nada substitui o tempo de qualidade, o riso, a história contada, a oração antes de dormir, o perdão pedido, o ritual repetido, as palavras que motivam. Essas coisas, aparentemente simples, são as que moldam caráter, constroem identidade e criam laços capazes de atravessar gerações.

E agora que chegamos aqui, lanço o desafio: viva sua paternidade com coragem e intencionalidade.

Seja firme, porém afetuoso.

Proteja, mas não sufoque.

Corrija, mas nunca humilhe.

Celebre, mas sem excessos.

Seja pai, não amigo.

Obrigado por caminhar comigo até aqui.

Obrigado por escolher refletir, buscar ser melhor e assumir o seu papel mais nobre.

Obrigado por ser um pai melhor em um tempo em que muitos negligenciam essa missão.

Que você tenha a sabedoria para orientar, a serenidade para compreender e, sobretudo, a coragem para cumprir esse chamado da forma mais plena possível. Desejo a você – e aos seus filhos – uma vida plena, abundante e marcada pela graça da presença.

À sua felicidade,

Joel Jota

POSFÁCIO

NENHUM SUCESSO JUSTIFICA O FRACASSO PATERNO

Quando a glória pública não apaga as ausências familiares

Reservei este capítulo para o fim, como um extra, por ser o mais controverso. Ele mexe com a imagem de alguns heróis, mostrando que é possível ter muito sucesso em muitas coisas, mas fracassar como pai. Faço um aviso, porém, de que a ideia não é de denegrir ou "cancelar" ninguém, mas lembrar que o êxito não nos imuniza contra os fracassos íntimos.

Pablo Neruda foi um poeta-diplomata chileno e político que ganhou o Prêmio Nobel de Literatura em 1971. Descreveu o amor com vocabulário próprio, mas teve dificuldade de praticá-lo na forma mais concreta. Sua única filha, Malva Marina, fruto de um relacionamento com a holandesa María Antonieta Hagenaar, nasceu em 1934 com hidrocefalia. A história conhecida é desconfortável: segundo o biógrafo Mark Eisner, autor de *Neruda: O chamado do poeta* (2018), Pablo "teve vergonha" da filha devido ao fato dela nascer com uma doença congênita. Ele a abandonou quando ela tinha apenas dois anos. A partir daí, a menina ficou longe do poeta, ausente de sua obra e de suas memórias, como se a literatura pudesse substituir o colo. Biógrafos e reportagens reconstituem esse silêncio e o impacto sobre Malva – e sobre todos nós, leitores que aprendemos a separar a grandeza pública da miopia doméstica. A beleza pode caber num verso; a paternidade, não. Ela exige presença, renúncia, tempo. Neruda teve muitas páginas e prêmios; faltou-lhe, nessa dimensão, a disponibilidade radical que uma criança doente pede.

O grande ícone pop John Lennon reinventou a canção popular, mas, para Julian, seu primeiro filho, foi por longos anos uma sombra distante. O divórcio, a fama e a rotina errante criaram uma geografia afetiva cheia de vazios. Em entrevistas, Julian descreve com franqueza como se sentia fora do "círculo", não do mito, mas do pai. É um testemunho duro, porque vem de quem mais importava. O mundo inteiro ouviu "Hey Jude"; Julian queria ouvir "*hey son*". Nada disso diminui o talento do músico, apenas relativiza a idolatria e nos lembra o óbvio: filho não precisa de gênio; precisa de pai. Quando trocamos o colo por agendas, terceirizamos a infância dos nossos. Lennon foi farol para milhões e, ao mesmo tempo, deixou áreas de penumbra. Hoje o próprio Julian fala de reconciliação com o passado e de carinho pelo meio-irmão, Sean; prova de que a história familiar pode se ressignificar, ainda que tarde.

Mahatma Gandhi foi pai de uma nação e um mestre sábio que lutou pela paz, mas teve uma relação tempestuosa com seu filho, Harilal. O paradoxo é eloquente: princípios que libertaram um povo pesaram como montanhas na intimidade. As biografias e reportagens mostram um Gandhi intransigente no lar, incapaz de flexibilizar ideais para acolher o filho errante. O conflito atravessou décadas, com períodos de rompimento e acusações públicas. Talvez o que tenha faltado não seja ética, mas misericórdia: a graça de olhar para o filho antes do símbolo, para a pessoa antes da causa. O resultado foi um legado planetário e, simultaneamente, uma ferida doméstica. Isso não diminui a grandeza do líder; apenas nos alerta para o preço de confundir missão e família, como se a primeira justificasse a negligência da segunda.

Albert Einstein desdobrou o cosmos em fórmulas, mas a história de Lieserl – a filha nascida antes do casamento com Mileva Marić – permanece envolta em incertezas. Fontes sérias concordam em poucos pontos: ela existiu; o destino é obscuro; hipóteses falam em adoção ou morte por escarlatina. O que sabemos com segurança é que a vida afetiva de Einstein foi complexa, marcada por deslocamentos, ambições intelectuais e um cotidiano que dificilmente favorecia o cuidado. Aqui o aprendizado é mais sutil: mesmo quando não há uma sentença clara, há indícios de ausência e de prioridades desbalanceadas. A genialidade, por si, não educa ninguém – muitas vezes, até compete com o dever de educar. O amor que moveu a física para a frente precisaria ter sido traduzido, em casa, na linguagem paciente do dia a dia.

Bob Marley pregou união, fé e resistência – e viveu uma paternidade numerosa, difusa, atravessada por turnês, infidelidades e pouco tempo no mesmo lugar. Sua família fala com carinho do homem e do artista; mas cronologias e memórias mostram também turbulência conjugal e muitos filhos crescendo entre ausências e presenças intermitentes. O resultado é ambíguo, como a vida: um legado cultural gigantesco e, ao mesmo tempo, a pergunta silenciosa que cada filho carrega sobre o que poderia ter sido diferente. É possível reconhecer a chama do artista e, ainda assim, admitir que a chama doméstica às vezes ficou pequena demais para aquecer todos os que dela precisavam.

Por que relembrar essas histórias? Porque elas são o nosso contrapeso. A cultura celebra feitos que cabem em manchetes; a paternidade acontece em pequenos gestos que "não dão mídia": chegar a tempo, ouvir com atenção, aprender o nome dos amigos do filho, conhecer o medo que ele não confessa a ninguém. O palco é visível; o berço, não. É mais fácil aplaudir de pé do que se levantar às três da manhã. É mais gostoso receber prêmios do que pedir perdão a uma criança por ter sido duro demais. É mais seguro defender uma causa do que admitir que se falha como homem dentro de casa.

Claro, precisamos reconhecer as coisas boas. Neruda nos deixou poemas que iluminam corações; Lennon, canções que refizeram a nossa gramática emocional; Gandhi, uma lição monumental de não violência; Einstein, um mapa novo do universo; Marley, uma trilha sonora de esperança. Mas o sentido deste capítulo é lembrar o eixo: missão sem filhos não é missão completa; obra sem casa não é obra inteira.

E nós? Somos tentados, todos os dias, a trocar presença por performance. A paternidade pede o contrário: constância. Pede que a gente aprenda a chegar – e a permanecer. Talvez o capítulo mais importante da vida de um homem não seja aquele que o mundo lê, mas o que os filhos relerão quando a casa estiver em silêncio. Eles não vão citar nossos prêmios; vão se lembrar de como nós os olhamos. E de cada gesto e palavra de carinho que dispensamos a eles. Um livro escrito sem palavras, mas com memórias de afeto que não caberiam nas maiores bibliotecas do mundo.

Que essas histórias nos sirvam de aviso e missão. Aviso de que nenhum brilho público compensa a falta de luz dentro de casa. Missão de reordenar a lista de prioridade: antes de conquistar o mundo, conquistar a confiança do seu filho; antes de salvar uma causa, salvar o jantar de terça-feira; antes de escrever o próximo grande capítulo, reler com humildade as páginas miúdas que já estão nas mãos deles. Porque, no fim, a obra que permanece é aquela impressa alma de um filho.

Referências

Pablo Neruda

• Sebastiaan Faber, "Neruda's Ghosts", Public Books, 18 set. 2018.

• Matilde Sánchez, "A Poet's Darkest Verse: Malva Marina, The Daughter Pablo Neruda Abandoned", Worldcrunch, 10 mar. 2025.

John Lennon / Julian Lennon

• Hephzibah Anderson, "Julian Lennon: 'I'm not part of the Beatles inner circle – I never have been'", The Guardian, 5 jan. 2025.

• "John Lennon's son Julian reveals the 'frustrating' Beatles song that will always be dark to me", New York Post, 20 dez. 2023.

Mahatma Gandhi / Harilal Gandhi

• Peter Bradshaw, "Father to a nation, stranger to his son – Gandhi, My Father", The Guardian, 9 ago. 2007.

Albert Einstein / Lieserl

• "What was Albert Einstein's family like?", Encyclopaedia Britannica (verbete).

• "Essay: Einstein In Love", TIME (arquivo).

Bob Marley (paternidade e família)

• "Bob Marley's Children: All About the Reggae Legend's Sons and Daughters", PEOPLE, 2024. People.com

• "Bob Marley is the father of 12 children. What to know about...", Yahoo (News/Entertainment), 22 fev. 2024. Yahoo!

Referências científicas

Capítulo 11

FELDMAN, R. et al. The neurobiology of human attachments. *Trends in Neurosciences*, v. 38, n. 2, p. 58–67, 2015. Disponível em: https://ruthfeldmanlab.com/wp-content/uploads/2019/05/parents-brain.TiNS2015.pdf.

Capítulo 14

AMERICAN PSYCHOLOGICAL ASSOCIATION. Emotion regulation. [S. l.], [s. d.]. Disponível em: https://www.apa.org/topics/parenting/emotion-regulation.

JOURNAL OF CHILD PSYCHOLOGY AND PSYCHIATRY. Artigos sobre autorregulação emocional e resiliência na infância. Diversos anos. Publicado por Wiley. Disponível em: https://acamh.onlinelibrary.wiley.com/journal/14697610.

Capítulo 15

ATIF, H. et al. The Impact of Role Models, Mentors, and Heroes on Adolescent Behavior. *Cureus*, 2022. PMCID: PMC9421350.

Capítulo 18

STEINBERG, L. Parenting, discipline, and adolescent adjustment: Evidence from research. *Journal of Youth and Adolescence*, v. 46, n. 5, p. 1021–1039, 2017. DOI: https://doi.org/10.1007/s10964-017-0651-3.

Capítulo 19

JOUSSEMET, M.; KOESTNER, R.; LEKES, N.; LANDRY, R. A longitudinal study of the relationship of maternal autonomy support to children's adjustment and achievement in school. *Journal of Personality*, v. 73, n. 5, p. 1215–1236, 2005. Disponível em: https://selfdeterminationtheory.org/SDT/documents/2005_JoussemetKoestnerLekesLandry_JOP.pdf.

SOENENS, B.; VANSTEENKISTE, M. et al. How parenting relates to children's socioemotional development: an integrated model. *Frontiers in Psychology*, v. 10, 2019. Disponível em: https://pmc.ncbi.nlm.nih.gov/articles/PMC6636326/.

NATIONAL SCIENTIFIC COUNCIL ON THE DEVELOPING CHILD (Harvard University). Young children develop in an environment of relationships: Working Paper No. 1. Cambridge, MA: Center on the Developing Child, Harvard University, 2004. Disponível em: https://csc.developingchild.harvard.edu/files/2025/07/NSCDC-WP-1-Young-Children-Develop-in-an-Environment-of-Relationships.pdf.

Capítulo 24

DESIGNED TO MOVE. Relatório internacional sobre atividade física e saúde infantil. Publicado por Nike Inc. e American College of Sports Medicine, 2016. Disponível em: https://www.designedtomove.org/resources.

THE AMERICAN JOURNAL OF CLINICAL NUTRITION. Artigos sobre consumo de frutas, vegetais e impacto no comportamento alimentar infantil. Diversos anos. Publicado pela American Society for Nutrition. Disponível em: https://academic.oup.com/ajcn.

BRITISH JOURNAL OF NUTRITION. Meta-análises sobre comportamento alimentar dos pais como preditor da dieta dos filhos. Cambridge: Cambridge University Press, 2019. Disponível em: https://www.cambridge.org/core/journals/british-journal-of-nutrition.

FAO/OMS. Report on Childhood Obesity Trends. Roma: Organização das Nações Unidas para Agricultura e Alimentação / Organização Mundial da Saúde, 2019. Disponível em: https://www.who.int/.

PEDIATRICS JOURNAL. Artigos sobre obesidade infantil e influência do peso dos pais. Diversos anos. Publicado pela American Academy of Pediatrics. Disponível em: https://publications.aap.org/pediatrics.

JOURNAL OF FAMILY PSYCHOLOGY. Estudos sobre satisfação conjugal e impactos do pós-parto. Diversos anos. Publicado pela American Psychological Association. Disponível em: https://www.apa.org/pubs/journals/fam.

UNIVERSITY OF DENVER. Pesquisas sobre saúde mental dos pais no pós-parto e efeitos sobre a família. Diversos anos. Disponível em: https://www.du.edu/.

Capítulo 27

AMERICAN ACADEMY OF PEDIATRICS (AAP). Committee on Psychosocial Aspects of Child and Family Health. Guidelines for Parents on Talking to Children About Their Bodies and Sexuality. *Pediatrics*, v. 138, n. 2, 2016.

KENNY, M. C.; WURTELE, S. K. Factual knowledge and children's disclosure of sexual abuse: Evaluation of a prevention program. *Child Abuse & Neglect*, v. 36, n. 1, p. 79–90, 2012. DOI: https://doi.org/10.1016/j.chiabu.2011.09.019.

WALSH, K.; ZWI, K.; WOOLFENDEN, S.; SHLONSKY, A. School-based education programmes for the prevention of child sexual abuse: A Cochrane systematic review and meta-analysis. *Research on Social Work Practice*, v. 25, n. 1, p. 64–80, 2015. DOI: https://doi.org/10.1177/1049731514549639.

TUTTY, L. M. What children learn from sexual abuse prevention programs: Difficult concepts and developmental issues. *Research on Social Work Practice*, v. 10, n. 3, p. 275–300, 2000.

UNICEF. The Body Safety Rules: A Guide for Parents and Educators. Nova Iorque: UNICEF, 2018. Disponível em: https://www.unicef.org.